2015 年 10 月到南海区盐步职业技术学校调研

2015 年 11 月到佛山枫丹白鹭酒店调研

2015 年 12 月到高明碧桂园凤凰酒店调研

2015 年 12 月到南海信息技术学校调研

2016 年 5 月酒店管理专业建设指导委员会研讨会现场

2016 年 5 月职业能力分析行业专家研讨会现场（一）

2016 年 5 月职业能力分析行业专家研讨会现场（二）

2016 年 5 月职业能力分析行业专家研讨会现场（三）

2016 年 10 月课程体系建构校企专家研讨会现场（一）

2016 年 10 月课程体系建构校企专家研讨会现场（二）

2016 年 10 月课程体系建构校企专家研讨会现场（三）

2016 年 10 月课程体系建构校企专家研讨会专家合影

现代学徒制专业教学标准和课程标准：
酒店管理专业（高职）

XIANDAI XUETUZHI ZHUANYE JIAOXUE BIAOZHUN HE KECHENG BIAOZHUN:
JIUDIAN GUANLI ZHUANYE（GAOZHI）

广 东 省 教 育 厅
广东省教育研究院 编

广东高等教育出版社
Guangdong Higher Education Press
·广州·

图书在版编目（CIP）数据

现代学徒制专业教学标准和课程标准. 酒店管理专业. 高职/广东省教育厅，广东省教育研究院编. —广州：广东高等教育出版社，2021.4

（现代职业教育标准体系建设系列丛书）

ISBN 978 -7 -5361 -6719 -3

Ⅰ.①现…　Ⅱ.①广…　②广…　Ⅲ.①饭店 - 商业企业管理 - 高等职业教育 - 教学参考资料　Ⅳ.①F719.2

中国版本图书馆 CIP 数据核字（2020）第 041668 号

出版发行	广东高等教育出版社 地址：广州市天河区林和西横路 邮政编码：510500　电话：（020）87551597　87551077 http://www.gdgjs.com.cn
印　　刷	广东海洋印刷有限公司
开　　本	787 毫米×1 092 毫米　1/16
印　　张	13.25
插　　页	1
字　　数	318 千
版　　次	2021 年 4 月第 1 版
印　　次	2021 年 4 月第 1 次印刷
定　　价	45.00 元

前　言

现代学徒制是职业教育主动服务当前经济社会发展要求，推动职业教育体系和劳动就业体系互动发展，打通和拓展技术技能人才培养和成长通道，推进现代职业教育体系建设的战略选择；是深化产教融合、校企合作，推进工学结合、知行合一的有效途径；是全面实施素质教育，把提高学生职业技能和培养学生职业精神高度融合，培养学生社会责任感、创新精神、实践能力的重要举措。本书是广东省第三批高等职业教育专业教学标准和课程标准研制项目的重要成果之一，也是校企双方共同开展现代学徒制酒店管理专业教学的基本文件，是明确培养目标与规格、组织实施教学、规范教学管理、加强专业建设、建构课程体系、开发教材和学习资源的基本依据，是评估教育教学质量和企业人才水平的主要标尺。

现代学徒制专业教学标准建设是广东省构建现代职教体系的重要内容，是广东省教育厅的重点工作之一。2015 年 4 月，现代学徒制酒店管理专业教学标准和课程标准研制工作启动。该项工作主要由佛山职业技术学院和佛山高明碧桂园凤凰酒店股份有限公司共同承担。在项目研制过程中，项目组先后经过行业企业和职业院校的调研、职业能力分析、课程体系构建和标准研制四个阶段。在行业企业和职业院校调研阶段，项目团队通过访谈、问卷调查、个案研究等形式，先后调研了 56 家行业和企业、23 所中高职院校，对酒店行业企业的人才需求与职业院校的培养现状与趋势、毕业生职业发展途径，以及酒店行业企业对人才专业能力和职业素养的要求等方面进行了深入调研和分析，获得了大量一手资料，了解到酒店专业的人才需求、人才成长途径和人才培养中存在的问题。在职业能力分析阶段，共邀请了 10 多位酒店行业企业专家通过头脑风暴法进行岗位群职业能力分析，重点分析了酒店的前厅部、餐饮部、市场营销部、客房部以及文职（后勤）5 个部门 15 个岗位的职业能力与职业素养。通过企业专家研讨、会后归纳整理，运用“二维四步五解”等方法，共获得 70 个工作项目、226 个工作任务、1 146 条职业能力及 11 项 67 条职业素养点，形成了现代学徒制酒店管理专业的职业能力分析表。在课程体系构建阶段，邀请了中高职教育专家和企业专家共 15 人，在广东省教育研究院教育专家的指导下，参照职业能力分析总表和调研报告，结合各专家对酒店管理专业职业教育的了解和经验，围绕专业培养目标、职业范围、人才规格、课程结构、课程内容及要求、教学安排、教学基本条件和教学实施建议等进行了全面研讨，确定了现代学徒制目标岗位的典型工作任务、人才培养目标、职业范围及人才规格。在此基础上，寻找职业岗位群能力所需求的知识、能力和素质三者之间最佳的结构平衡点，搭建起现代学徒制酒店管理专业的课程体系架构，从而确定现代学徒制酒店管理专业技术技能课程、学徒岗位能力课程结构。在标准研制阶段，根据前几个阶段的研究成果，召开标准编制培训及研讨会，开展专业技术技能课程、学徒岗位能力课程的标准研制工作。经过反复研讨和修改，完成了现代学徒制酒店管理专业教学标准（两年制和三年制）和18门专业技术技能课程、学徒岗位能力课程的标准（两年制和三年制）的制定工作。

本书分为上、下两篇，上篇为高职现代学徒制酒店管理专业教学标准，下篇为高职现代学徒制酒店管理专业课程标准。本书由佛山职业技术学院余琳教授、佛山高明碧桂园凤凰酒店有限公司朱石群行政总监、广东省教育研究院职教室副主任邓文辉博士担任执行主编，负责全书内容和框架指导；余琳、陈瑞萍、王炜、余孟君、周艳丽、马锦、黄小浪、腾晓蓉、石玉秋、李建国、杨香花、谢连聪、李彦辉等老师参与了本教学标准和课程标准的编写工作。

成书之时，项目团队要特别感谢广东省教育厅的大力支持，感谢广东省教育研究院副院长李海东教授、职教室副主任杜怡萍研究员等专家的精心部署和细致指导；感谢为项目开展提供帮助的各高职院校的领导和老师们；感谢众多为职业和调研能力分析提供帮助的行业企业专家及工作人员；特别感谢项目团队各位成员的共同付出。本标准虽已成书，但也只是为今后工作的进一步提高完善提供了一个起点，期待有更多的职业教育工作者参与到这项工作中，为我国职业教育的标准化建设做出更多的贡献。由于编者水平有限，书中难免有疏漏和不足之处，敬请批评指正。

基于现代学徒制人才培养模式酒店管理专业
教学标准研制项目组
2020年9月

目　录

上篇　高职现代学徒制酒店管理专业教学标准

下篇　高职现代学徒制酒店管理专业课程标准

附　录

上　篇

高职现代学徒制酒店管理专业教学标准

一、专业名称及代码

酒店管理专业（640105）。

二、招生对象

应往届高中、中职毕业生；中高职衔接转段考核合格的中职学校酒店管理专业等相关专业的正式学籍学生。

三、基本学制与学历

（一）学制

全日制三年（主要面向没有专业基础及工作经历的酒店员工）；全日制两年（主要面向中职酒店管理专业学生、酒店员工，即有专业基础或工作经历的人员）。

（二）学历

学习合格后取得专科学历。

四、培养目标

本专业培养与我国社会主义现代化建设要求相适应，德、智、体、美、劳全面发展，面向酒店行业，既能从事前厅、餐饮、客房、营销、后勤（文职）等服务技能岗位工作，又能胜任酒店前厅部、餐饮部和客房部三大部门的领班、主管、经理等管理层岗位工作，具备酒店宾客服务、市场营销、质量督导、收益管理等专业能力，同时具备良好的酒店服务意识、行业归属感、团队精神及创新意识等职业素养，在服务与管理第一线的发展型、复合型和创新型的高技能人才。

五、培养方式

学校和合作酒店联合招生、联合培养、一体化育人。职业院校承担系统的酒店管理专业知识学习和素质技能训练；合作酒店通过导师带徒的形式，依据培养方案进行酒店岗位技能训练，真正实现校企一体化育人。教学任务必须由学校酒店管理专业教师和合作酒店相关部门的导师共同承担，形成“双导师”制。

六、职业范围

（一）职业生涯发展路径（见表1－1）

表1－1 现代学徒制酒店管理专业职业生涯发展路径

<table>
<tr><th rowspan="3">发展阶段</th><th rowspan="3">学徒岗位</th><th colspan="8">就业岗位</th><th rowspan="3">学历层次</th><th colspan="2">一般发展年限/年（参考时间）</th></tr>
<tr><th colspan="4" rowspan="2">接待服务</th><th rowspan="2">营销</th><th colspan="3" rowspan="2">后勤文职</th><th rowspan="2">高职</th><th rowspan="2">高职（学徒）</th></tr>
<tr></tr>
<tr><td>Ⅴ</td><td>—</td><td colspan="2">房务总监</td><td colspan="2">餐饮总监</td><td>营销总监</td><td colspan="3">部门总监</td><td>高职</td><td colspan="2">8年以上</td></tr>
<tr><td>Ⅳ</td><td>经理</td><td>前厅部经理</td><td>客房部经理</td><td>餐厅部经理</td><td>宴会部经理</td><td>营销部经理</td><td colspan="3">部门经理</td><td>高职</td><td>5～8</td><td>3～5</td></tr>
<tr><td>Ⅲ</td><td>主管</td><td>前厅部主管</td><td>客房部主管</td><td>餐厅部主管</td><td>宴会部主管</td><td>营销主任</td><td colspan="2">部门主管</td><td rowspan="2">秘书</td><td>高职</td><td>3～5</td><td>2～3</td></tr>
<tr><td>Ⅱ</td><td>领班</td><td>前厅部领班</td><td>楼层领班</td><td>餐厅领班</td><td>宴会部领班</td><td>营销协调员</td><td colspan="2">部门文员</td><td>高职</td><td>2～3</td><td>1～2</td></tr>
<tr><td>Ⅰ</td><td>—</td><td>前厅部服务员</td><td>客房部服务员</td><td>餐饮服务员</td><td>宴会部服务员</td><td>—</td><td colspan="2">—</td><td>—</td><td>高职</td><td>0～1</td><td>—</td></tr>
</table>

注：1.“发展阶段”是依据酒店行业企业的有关规定以及调查分析确定的，将职业发展分为5个阶段。2.“就业岗位”的分类仅供参考，各院校可以自行分类。3.“学历层次”只明确高职对应的层次。

（二）面向职业范围（见表1－2）

表1－2 面向职业范围及证书

<table>
<tr><th>序号</th><th>对应职业（岗位群）</th><th>学徒目标方向</th><th>职业资格证书</th></tr>
<tr><td rowspan="3">1</td><td>前厅部经理</td><td rowspan="3">前厅部各部门岗位</td><td rowspan="9">目前，国家已取消相关的职业资格证书</td></tr>
<tr><td>前厅部主管、礼宾司</td></tr>
<tr><td>前厅部领班</td></tr>
<tr><td rowspan="3">2</td><td>客房部经理</td><td rowspan="3">客房部各部门岗位</td></tr>
<tr><td>客房部主管</td></tr>
<tr><td>楼层领班</td></tr>
<tr><td rowspan="3">3</td><td>餐饮部经理</td><td rowspan="3">餐饮部各部门岗位</td></tr>
<tr><td>餐厅主管</td></tr>
<tr><td>餐厅领班</td></tr>
</table>

注：上述表格主要列举现代学徒就业比重较大的岗位。

1. **前厅部经理岗位**

主要负责酒店前厅部的各项管理工作，建立、健全前厅部的各项管理、考核机制，制订本部门相应工作计划、流程，确保上级及有关部门制订的工作目标得到有效完成，协调前厅部与酒店相关部门及宾客的有关事宜，以保证酒店前厅部接待工作的顺利开展。

2. **前厅部主管岗位**

负责协助前厅部经理工作，完善前厅部管理体系，实施并完善工作计划及工作流程，督导部门员工按照服务规范做好对客服务，以保证酒店前厅接待工作的顺利开展。

3. **礼宾司岗位**

在值班经理的指导下负责礼宾部管理工作，督导行李运送及寄存服务，与其他领域和部门保持良好的合作关系，为客人提供高效和准确的信息服务。

4. **前厅部领班岗位**

协助前厅主管完成日常员工纪律管理、每日报表（例如：工作日记、交班、物资盘点）以及设备维修、物资申购等工作，执行新政策，做到上传下达。带领本部门员工完成日常接待工作，为客人提供优质的服务。

5. **客房部经理岗位**

全面负责客房部的经营管理工作，制订并监督实施本部门的工作计划，确保实现客房部的经营目标和质量标准，为住店客人提供符合本酒店规模标准的客房服务及清洁、美观、舒适、安全的住宿环境及优质细致的服务。

6. **客房部主管岗位**

协助客房部经理进行客房部的日常管理工作，监督实施各项服务程序和规章制度，为住店客人提供舒适、清洁、安静、安全的房间及优质细致的服务。

7. **楼层领班岗位**

检查、督导下属的工作，确保为宾客提供清洁、舒适、安全、高效的客房服务，使楼层各项工作均达到酒店要求的水准。

8. **餐厅部经理岗位**

全面负责制订并实施餐厅部工作计划、经营预算和成本控制，督导餐厅部日常运转管理，组织餐饮促销工作，协调餐厅部各部门的运作，确保为客人提供优质高效的餐饮服务，努力达到预期的部门经营目标。

9. **餐厅部主管岗位**

协助餐厅部经理负责服务运转与管理，组织制定餐厅部厅面各项管理规章制度和操作流程并监督实施，组织制订厅面工作计划并监督执行，带领员工积极完成各项营业指标，确保向宾客提供优质服务和优质产品。

10. **餐厅领班岗位**

协助餐厅部主管做好管理和协调员工的各项工作，协调客人对餐饮的要求，并完成客人直接需要的服务及操作。

七、人才规格

1. 职业素养（见表1－3）

表1－3 职业素养及合作企业要求

职业素养	合作企业要求
1. 行业归属感、团队精神； 2. 随机应变的服务能力； 3. 热情周到的服务态度； 4. 具备优秀的语言表达和沟通能力； 5. 绿色环保、创新意识	1. 树立主人翁的责任感，以主人翁的态度对待本职工作； 2. 善于站在顾客的立场上，在维护酒店声誉的基础上尽量设身处地为顾客着想； 3. 注重酒店环保，开展绿色酒店活动，营造一个关心社会的良好形象； 4. 根据宾客的爱好、需求，随时做出相应的服务调整，以适应宾客的求新心理； 5. 善于走动管理； 6. 会粤语听说，能阅读饮食方面的外文资料

2. 专业能力（见表1－4）

表1－4 专业能力及合作企业要求

专业能力	合作企业要求
1. 能制定酒店部门的经营管理制度、服务标准以及年度预算； 2. 能策划和编制部门各项工作计划、操作规程，并组织实施； 3. 能根据市场需求，提出酒店销售建议，并开展各种推广促销活动； 4. 能加强与各部门的沟通协调，确保酒店服务的一致性； 5. 能督导属下各部门，确保日常工作顺利进行； 6. 熟悉酒店安全管理工作，能定期组织检查消防器具，做好协查、防火、防盗等工作； 7. 熟悉酒店员工的招聘、培训、考核和评估工作； 8. 能主持召开部门例会，传达上级布置的工作要点，合理布置部门工作，解决部门疑难问题； 9. 掌握岗位的绿色创新技能，能够提出合理化建议； 10. 掌握优质对客服务技能，能提供个性化服务； 11. 能熟练完成顾客接待服务的整个流程并能为贵客提供一站式的服务； 12. 能对酒店服务质量进行监控，并正确处理客人的投诉； 13. 能有效地进行团队组织的建设，并对员工进行合理的配置，以提高工作效率； 14. 能综合运用激励技巧充分调动员工的工作热情； 15. 能严格管理食品安全	1. 充分利用周边的山野资源，策划休闲活动，助力客户在商务闲暇之余，放松心情，随时随地“森”呼吸，远离PM 2.5； 2. 积极向客户推广酒店新项目和新计划，如策划绿跑计划，让住客能畅享旅途中的高品质运动体验； 3. 保障每天“五彩早餐”的供应，保证每位宾客达到“每天至少摄入5种颜色食物”的健康标准； 4. 定期与中/西餐厨师长研究新菜点，积极推出特色食品，定期举办美食节、美食周等促销活动； 5. 根据季节差异及宾客反馈的建议和意见与厨师长研究、制定特别菜单

八、典型工作任务及职业能力分析

根据酒店前厅部、餐饮部、客房部等部门领班、主管和经理的目标岗位，通过酒店行业企业专家“头脑风暴式”的研讨，概括出酒店前厅部、餐饮部、客房部、营销部及后勤（文职）等现代学徒岗位工作中最重要的、出现频率高的、具有整体性和系统性的前厅服务礼宾、酒店客户关系管理等 15 个典型工作任务（见表 1－5）。同时，也归纳出 70 个工作项目、226 个工作任务及 1 146 条职业能力（见附录 1．现代学徒制酒店管理专业职业能力分析表）。

表 1－5　典型工作任务一览表

序号	典型工作任务	工作项目及职业能力要求	备注
1	前厅服务礼宾	前台接待、前台管理、督导前厅业务、维护宾客关系、制度修订及经营管理	详见附件
2	酒店客户关系管理	处理宾客投诉、整理客史档案、突发事件处理、VIP 服务	
3	酒店内部行政管理	制订或修订相关文件、员工管理、督导部门业务、人事管理、安全保障	
4	餐厅技能与服务	迎送客服务、餐前督导、出品监控、餐厅安全保障	
5	宴会技能与服务	参加大型宴会服务合同条款的谈判和签约，通晓各类宴会管理和服务技能与台型设计，严格控制成本，降低消耗，掌握食品、酒水、烹饪方面的知识	
6	酒吧技能与服务	能研制新的酒牌、新的鸡尾酒，了解餐具、酒具、布草的使用方法和保养知识，熟悉酒水的来源、品牌及规格，了解主要酒类的特点	
7	客房个性化服务	能按照“进、撤、铺、洗、抹、补、吸、检”八个程序与要求进行客房整理；会进行客房设施、设备、用品的选择、控制、使用及维护；能为客人提供优质的个性化服务	
8	客房服务中心日常管理	掌握业务信息；整理报表和客史档案；加强与宾客的沟通与交流；督导部门业务及服务规范；VIP 接待；安全保障	
9	预订及收益管理	统计顾客预订信息；控房（掌握客房的预订和销售情况，有效控制客房销售及住房比例的合理分配）；掌握客房的预订和销售情况；时刻关注酒店预算、预测酒店收益；分析对前厅部操作的观点和立场；减低操作成本，增加营业额，简化工作程序	

续上表

序号	典型工作任务	工作项目及职业能力要求	备注
10	酒店产品开发与销售	充分了解酒店餐厅的产品，懂得根据宴会性质搭配菜单及酒水；负责季节性的产品（如粽子、月饼、大闸蟹、年糕）售卖点管理工作；及时将客户意见反馈给相关部门，恰当提出产品组合、改进意见，提高酒店服务质量；掌握酒店产品及周边旅游资源的讯息	详见附件
11	酒店公共关系管理（含宣传推广）	正确处理宾客投诉；加强与宾客沟通；加强酒店各部门的联系；联系贵宾开展宣传工作；推广促销；维护顾客关系；部门协调	
12	培训与发展	主动参与部门培训，学习解决问题的方式和技巧；协助上级对属下员工进行业务知识、操作技巧和外语培训；负责对属下员工实施培训、考核和评估工作；开展员工日常操作的实操培训	
13	酒店安保管理	具备责任（安全）意识；保障客人财物的安全；负责本处区域的防盗、防火安全工作；接待重要客人和大型团队时，能亲自组织部门的服务工作，保证提供有序、高效的服务，确保顾客的安全和满意；制定并组织实施下属部门的安全、卫生等各项规章制度	
14	酒店信息系统应用	能操作办公自动化及各种办公设备；指导操作酒店应用系统营业点及模块；掌握酒店系统应用；掌握前台应用系统；掌握系统账务的处理；通晓预订工作程序，能准确地操作酒店管理系统；及时收集、整理、储存、更新、提供酒店的重要信息资料，保证所属员工知晓酒店内外的重要事件	
15	康乐服务技能	提供个性化服务；开展常规员工活动（如生日会、员工感谢周、年会、主题晚会、拓展活动）；填写上交泳池水质监控报表、健身中心会员汇总报表；负责检查房间的设备设施维修保养情况；设施设备保养计划及安全防范；VIP 接待；加强与宾客沟通	

九、课程结构

本专业的课程体系根据《国务院关于加快发展现代职业教育的决定》的总体要求，结合合作酒店对现代学徒的实际需要而构建，重点培养酒店转型升级和服务创新需要的发展型、复合型和创新型的服务技能人才。本课程体系结构共分为公共基础课程和专业课程两个模块，专业课程则分为专业技术技能课程、学徒岗位能力课程及专业拓展课程

(两年制和三年制分别见表1－6、表1－7)。为了给予各学校一定自主排课的空间，专业拓展课程由学校自行制定。

表1－6 课程体系结构表（两年制）

<table>
<tr><th colspan="2">课程模块</th><th>课程名称</th><th>课程性质</th></tr>
<tr><td colspan="2" rowspan="9">公共基础课程</td><td>思想品德修养与法律基础</td><td>必修课</td></tr>
<tr><td>毛泽东思想和中国特色社会主义理论体系概论</td><td>必修课</td></tr>
<tr><td>形势与政策</td><td>必修课</td></tr>
<tr><td>应用文写作</td><td>必修课</td></tr>
<tr><td>英语</td><td>必修课</td></tr>
<tr><td>计算机应用基础</td><td>必修课</td></tr>
<tr><td>体育</td><td>必修课</td></tr>
<tr><td>就业指导与职业生涯设计</td><td>必修课</td></tr>
<tr><td>创新创业基础</td><td>必修课</td></tr>
<tr><td rowspan="16">专业课程</td><td rowspan="8">专业技术技能课程</td><td>企业文化</td><td>必修课</td></tr>
<tr><td>管理学基础</td><td>必修课</td></tr>
<tr><td>公关实务</td><td>必修课</td></tr>
<tr><td>康乐服务</td><td>必修课</td></tr>
<tr><td>酒店英语</td><td>必修课</td></tr>
<tr><td>茶艺</td><td>必修课</td></tr>
<tr><td>调酒与酒吧管理</td><td>必修课</td></tr>
<tr><td>毕业设计</td><td>必修课</td></tr>
<tr><td rowspan="7">学徒岗位能力课程</td><td>房务管理</td><td>限选课</td></tr>
<tr><td>餐饮经营管理</td><td>限选课</td></tr>
<tr><td>酒店财务管理</td><td>限选课</td></tr>
<tr><td>酒店安保管理</td><td>限选课</td></tr>
<tr><td>酒店督导管理</td><td>限选课</td></tr>
<tr><td>酒店信息系统应用</td><td>限选课</td></tr>
<tr><td>酒店网络营销</td><td>限选课</td></tr>
<tr><td>专业拓展课程</td><td>由学校自行设置，不低于6学分</td><td>任选课</td></tr>
</table>

表 1－7　课程体系结构表（三年制）

课程模块		课程名称	课程性质
公共基础课程		思想品德修养与法律基础	必修课
		毛泽东思想和中国特色社会主义理论体系概论	必修课
		形势与政策	必修课
		应用文写作	必修课
		英语	必修课
		计算机应用基础	必修课
		体育	必修课
		就业指导与职业生涯设计	必修课
		创新创业基础	必修课
专业课程	专业技术技能课程	前厅服务	必修课
		客房服务	必修课
		餐厅服务	必修课
		康乐服务	必修课
		酒店英语	必修课
		管理学基础	必修课
		酒店政策法规	必修课
		公关实务	必修课
		茶艺	必修课
		毕业设计	必修课
	学徒岗位能力课程	房务管理	限选课
		餐饮经营管理	限选课
		酒店财务管理	限选课
		酒店网络营销	限选课
		酒店安保管理	限选课
		酒店信息系统应用	限选课
		酒店督导管理	限选课
	专业拓展课程	由学校自行设置，不低于 6 学分	任选课

十、课程内容及要求

1. 公共基础课程（见表1－8）

表1－8 公共基础课程内容及要求

序号	课程名称	主要教学内容和要求	参考学时
1	思想品德修养与法律基础	本课程是高校大学生进行思想道德和法制观念教育的必修课，通过该课程的理论学习和实践体验，帮助大学生形成正确的理想信念，弘扬爱国主义精神，树立正确的世界观、人生观和价值观，加强思想品德修养，增强学法守法用法的自觉性，全面提高思想道德素质和法律素质，使之成为品学兼优的社会主义现代化建设应用型人才	72
2	毛泽东思想和中国特色社会主义理论体系概论	本课程主要对学生进行中国特色社会主义理论与实践教育，使学生能够正确理解和掌握毛泽东思想、中国特色社会主义理论的科学体系、精神实质、立场、观点和方法，树立建设中国特色社会主义的坚定信念，培养运用马克思主义的立场、观点和方法分析问题的能力，增强执行党的基本路线和基本纲领的自觉性和坚定性，积极投身全面建设小康社会的伟大实践	72
3	形势与政策	本课程通过了解国际、国内形势，使学生全面正确认识党和国家面临的形势和任务，正确认识世情、国情、党情，正确理解并拥护党的路线、方针和政策，增加学生的责任感和使命感，不断提高学生的爱国主义和社会主义觉悟，增强实现改革开放和社会主义现代化建设宏伟目标的信心和社会责任感，提高当代大学生投身于国家经济建设事业的自觉性和态度，明确自身的人生定位和奋斗目标	36
4	应用文写作	通过应用文写作基础理论和各种应用文体知识的教学与写作训练，使学生掌握应用文写作的基本知识和基本技巧，提高常用应用文的写作能力，以适应当前和今后在学习、生活、工作中的写作需要，并通过常见应用文的案例分析和写作训练，培养学生处理职业生涯及日常生活应用文的写作能力，让学生具备未来职业生涯的可持续发展能力	72
5	英语	本课程以培养学生实际应用英语的能力为目标，侧重职场环境下语言交际能力的培养，使学生逐步提高用英语进行交流与沟通的能力。同时，使学生掌握有效的学习方法和策略，培养学生的学习兴趣和自主学习能力，提高学生的综合文化素养和跨文化交际意识，为提升学生的就业竞争力及未来的可持续发展打下必要的基础	144

续上表

序号	课程名称	主要教学内容和要求	参考学时
6	计算机应用基础	本课程旨在培养学生的计算机基本操作能力与实际应用能力，使学生掌握计算机的基本知识和技能，能将计算机操作的能力应用于工作和生活中，并作为学习其他专业课程的有力工具。通过本课程的学习，使学生掌握 Windows 操作系统的使用方法，掌握 Office 办公软件的应用，为学习后续课程奠定坚实的基础	72
7	体育	本课程的目标是全面锻炼学生的身体，增强体质，使学生掌握体育基本知识、技术、技能，培养终身体育锻炼的能力和习惯。通过本课程的学习和训练，使学生了解体育锻炼的原则与方法，常见运动损伤的预防与处理，具有一定的体育文化欣赏能力；掌握两项以上体育运动项目的基本知识、技术、技能；增强体质，促进身心健康，培养吃苦耐劳、勇敢顽强的意志品质；养成终身体育锻炼的能力和习惯，健康体质测试标准合格	72
8	就业指导与职业生涯设计	本课程是关于职业启蒙、职业目标、职业意识、求职技巧和创业准备的应用型课程，教学目的是让学生理解职业与成才的关系，理解职业生涯设计的意义和基本内容，让学生学会认识自己和社会，初步完成职业生涯设计；让学生初步形成职业意识，学会初到企业的通用的行为规范，学会处理企业中的人际关系；让学生初步学会求职申请和面试的基本技巧	36
9	创新创业基础	本课程是创新创业梯级课程体系的基础启蒙课程，主要任务是培养学生创新精神与创业意识，教授学生创业知识、锻炼创业能力。以创业者素质要求→评估创业机会→创建企业→创业过程管理→创业企业发展为主线，通过本课程学习，学生掌握开展创业活动所需要的基本知识，认知创业的基本内涵和创业活动的特殊性，辩证地认识和分析创业机会、创业资源、创业计划和创业项目；具备必要的诚信力、决策力、管理力、创建力和社交力等素质，掌握创业资源整合与创业计划撰写的方法，熟悉新创企业的开办流程与管理，提高创办和管理企业的综合素质和能力；树立科学的创业观，主动适应国家经济社会发展和个体的全面发展需求，正确理解创新创业与职业生涯发展的关系，自觉遵循创新创业规律，积极投身创新创业实践	36

2. 专业技术技能课程（两年制和三年制分别见表1－9、表1－10）

表1－9　专业技术技能课程内容及要求（两年制）

序号	课程名称	职业能力	主要教学内容和要求	参考学时
1	企业文化	12、14－01、47－02、69、70	本课程是理论和实践相结合的项目化课程。通过学习，使学生掌握企业文化相关的核心理论、基础知识和基本技能，同时结合酒店业的经典案例进行分析。使学生能够独立地进行企业文化的调查、咨询、诊断与策划的文案工作，以培养具备独立从事企业文化建设与管理的能力	36
2	管理学基础	05、09、11、13、30、64、65、70	本课程要求学生掌握管理学的基本知识和基本技能，能初步运用计划、组织、领导、控制等管理基本职能分析、解决个人管理、团队管理和企业管理中的问题，为未来从事各项管理工作奠定基础，同时也为加强自我管理、胜任团队管理、参与企业管理奠定基础	36
3	公关实务	03、51－02、57－01、57－02、60、65	本课程的主要内容的编排和组织是以学生就业为导向，在行业专家的指导下，对酒店、公关关系公司等相关行业所覆盖的岗位进行任务与职业能力分析，以实际工作任务为引领，以酒店服务管理过程中涉及的公关策划、传播实施为主线，以公共关系部门的岗位能力要求为依据，采用工作活动流程与并列式结合的结构来展现教学内容	36
4	康乐服务	01－03、02、03、04、05、08－03、09－01、09－03、13－02、15、40、70	本课程要求学生了解康乐设施的特点、性能，运动的要求、规则和场地设施设备的作用、保养和管理，更重要的是使学生熟悉、掌握各种康乐项目活动的服务规范和服务要求	54
5	酒店英语	01、02、03、04、07、08、15、16、18、19、23、24、25、35、37、40、51－01、51－02、52、57－01、70－10	本课程要求学生了解酒店前台、客房、餐饮和康乐服务内容，熟悉酒店五大岗位（前台、客房、餐饮、康乐和商场）服务英语语言材料，并能熟练和准确地使用英文口语进行岗位服务工作。会使用英语完成客房预订、接待、礼宾服务、总机服务、服务中心服务、收银服务；完成客房洗衣、维修等服务；完成餐饮服务工作，包括预订餐位、迎客服务、写单和推荐、中（西）餐酒水服务、餐席间服务；完成康乐和商场的常规服务	72

续上表

序号	课程名称	职业能力	主要教学内容和要求	参考学时
6	茶艺	01、37、70	本课程主要学习与掌握茶文化、茶叶常识、茶艺服务管理知识以及茶艺冲泡及表演技能，要求学生能根据要求设计各类行茶法，正确运用茶文化知识，提高综合素质	36
7	调酒与酒吧管理	35－02－05、35－02－06、35－03－03、35－03－05、35－03－09、36、37－01－02、37－01－06、37－02－01、37－02－03 38－01－04、39－01－04、39－02－07、39－02－09、39－02－11、39－02－15、39－02－16、39－03－08、39－03－11、41－01－05、57－05－02、57－05－05、57－05－07	本课程包含了酒水基础知识、操作技能和管理方法三个部分。通过本课程的学习，使学生不仅学到酒水服务与管理的基本知识、工作标准、管理技术，还培养了学生良好的职业态度、职业意识、职业思维和职业精神，逐步形成了管理能力和创新能力，成为高素质技能型酒店服务与管理人才	54
8	毕业设计			112

注：“职业能力”栏目下的职业能力编码与本书“附录1. 现代学徒制酒店管理专业职业能力分析表”中的编码对应。

表1－10 专业技术技能课程内容及要求（三年制）

序号	课程名称	职业能力	主要教学内容和要求	参考学时
1	前厅服务	01、02、03、04、05、06、07、08、09、10、11、12、13	本课程教学内容主要有前厅部概述、客房预订、前台接待、前台收银、礼宾服务、大堂经理以及前厅质量管理等，通过本课程教学，使学生全面了解酒店前厅服务与管理的现状，系统掌握酒店前厅服务与管理的基本理论和方法，掌握餐厅服务操作技能，为学习和研究酒店前厅部的业务管理工作提供必要的知识、技能和素质准备	36

续上表

序号	课程名称	职业能力	主要教学内容和要求	参考学时
2	客房服务	07、08、17、18、19、20、23、24、25、26、29、32、33、42	本课程教学内容围绕各酒店客房服务典型任务进行，教学模块包括客房部认知、客房整理、客房对客服务、管家高品质对客服务、PA部、洗衣房、客房服务中心7个模块。每一个模块都有对接职业能力要求开展的知识、技能和职业素质教育与培养。在教学模式上，改变以往的传统课程教学模式，与酒店合作进行基于工作过程的开发与设计，实施项目化教学与任务驱动型教学。该课程的内容主要突出开放性、实践性要求，理论知识以适度、够用为原则，重点在实践操作和职业素养的提升	36
3	餐厅服务	35、37、39、49	本课程以岗位职业能力培养为主线，采用“教、学、做”一体化的教学模式，采用任务驱动教学法，让学生带着任务参与到教师的课堂教学中去。让学生在完成具体项目工作任务过程中掌握餐厅服务的技巧技能，有针对性地培养学生的实际工作能力。形成“以工作任务为目标，以行动过程为导向”的课程教学模式	72
4	康乐服务	01－03、02、03、04、05、08－03、09－01、09－03、13－02、15、70	本课程要求学生了解康乐设施的特点、性能，运动的要求、规则和场地设施设备的作用、保养和管理，更重要的是使学生熟悉、掌握各种康乐项目活动的服务规范和服务要求	54
5	酒店英语	01、02、03、04、07、08、15、16、18、19、23、24、25、35、37、40、51－01、51－02、52、57－01、70－10	本课程要求学生了解酒店前台、客房、餐饮和康乐服务内容，熟悉酒店五大岗位（前台、客房、中餐、西餐、康乐和商场）服务英语语言材料，并能熟练和准确地使用英文口语进行岗位服务工作。会使用英语完成客房预订、接待、礼宾服务、总机服务、服务中心服务、收银服务；完成客房洗衣、维修等服务；完成餐饮服务工作，包括预订餐位、迎客服务、写单和推荐、中（西）餐酒水服务、餐席间服务；完成康乐和商场的常规服务	72

续上表

序号	课程名称	职业能力	主要教学内容和要求	参考学时
6	管理学基础	05、09、11、13、30、64、65、70	本课程要求学生掌握管理学的基本知识和基本技能，能初步运用计划、组织、领导、控制等管理基本职能分析、解决个人管理、团队管理和企业管理中的问题，为未来从事各项管理工作奠定基础，同时也为加强自我管理、胜任团队管理、参与企业管理奠定基础	36
7	酒店政策法规	70	本课程要求学生掌握党的基本理论和基本路线、我国宪法的基本知识、我国的基本国策、外交政策以及相关的法律知识，包括旅游安全与保险法律法规、旅游住宿与食品管理法律制度、旅游消费者权益保护法律制度、旅游合同法律制度，强化学生在酒店管理工作中依法处理业务，严格遵守国家的法律法规，养成良好的依法办事、依法经营的意识与习惯	36
8	公关实务	03、51－02、57－01、57－02、60、65	本课程的主要内容的编排和组织是以学生就业为导向，在行业专家的指导下，对酒店、公关关系公司等相关行业所覆盖的岗位进行任务与职业能力分析，以实际工作任务为引领，以酒店服务管理过程中涉及的公关策划、传播实施为主线，以公共关系部门的岗位能力要求为依据，采用工作活动流程与并列式结合的结构来展现教学内容	36
9	茶艺	01、37、70	本课程主要学习与掌握茶文化、茶叶常识、茶艺服务管理知识以及茶艺冲泡及表演技能，要求学生能根据要求设计各类行茶法，正确运用茶文化知识，提高综合素质	36
10	毕业设计			112

注："职业能力"栏目下的职业能力编码与本书"附录1. 现代学徒制酒店管理专业职业能力分析表"中的编码对应。

3. **学徒岗位能力课程（两年制和三年制分别见表1－11、表1－12）**

表1－11　学徒岗位能力课程内容及要求（两年制）

序号	课程名称	职业能力	主要教学内容和要求	参考学时
1	房务管理	01－03－03、02－01－03、02－02－01、02－02－02、02－02－03、03－02－01、04－04、04－05、04－06、13－02、15－02、15－03、16－01、16－02－01、16－02－02、16－02－03、16－03、17－01－01	本课程是现代学徒制酒店管理专业中一门关键的核心课程。作为统领酒店前厅、客房两大主要分支部门，房务部的运营和管理直接影响着酒店的年终盈利水平与顾客总体入住体验。本课程从酒店中层运营管理的角度出发，讲授房务部门在日常运作与管理中的基本运营知识，结合前厅、客房两分支部门在日常运作中常见的问题，及基层管理必须具备的督导技能和要求，务求让学生扎实掌握与其岗位相符的管理知识及岗位督导、岗位劳动技能，达到胜任前厅部、客房部主管或部门副经理的水平	54
2	餐饮经营管理	30－01、30－03－01、30－03－02、30－03－03、30－04、35、36－02、37、38、39、40、41、42、43、44、45、46、47、49	本课程以岗位职业能力培养为主线，采用“教、学、做”一体化的教学模式，采用任务驱动教学法，让学生带着任务参与到教师的课堂教学中去。让学生在完成具体项目工作任务过程中掌握中外餐饮业的基本趋势和餐饮文化，掌握餐饮销售及生产管理的知识和技能	54
3	酒店财务管理	13－01、30－02、30－03、43－01、44－02－02、57－05－05、57－06－03、62－02、63－02	本课程的主要教学内容是根据酒店业发展需要以及完成岗位实际工作任务所需要的知识、能力、素质要求选取的，内容主要包括筹资与投资管理、酒店营运资金管理、酒店财务控制与财务预算、酒店财务分析。在教授的内容中除了包括案例导入与相关理论知识，还包括为完成工作任务提供必需的相关知识，可为日后从事酒店管理工作打下坚实的理论基础和有效的实践经验	54

续上表

序号	课程名称	职业能力	主要教学内容和要求	参考学时
4	酒店安保管理	26、32、35、36－01－01、36－01－02、42、43、70－06－02、70－06－04、70－06－07、70－09	本课程是研究酒店如何安全地开展生产经营、以如何应对酒店安保部门日常运营中可能会出现的常见安全事故的一门综合性管理课程。内容的编排和组织主要以酒店业实际生产过程中所遇到的安全管理问题为主线，以酒店基层管理岗位的实际安保任务为引领，以迪拜朱美拉集团帆船酒店、碧桂园凤凰城酒店等中外高星级、有代表性的国际酒店人员安保管理手册为实际依据进行案例化、项目化教学，使学生全面掌握安全管理中的基本原理、原则和方法，了解目前酒店业在日常经营、生产和管理过程中可能存在的各种危险及应该采取的预防措施	36
5	酒店督导管理	63、64、65、66、68、70	本课程以培养具有良好的个人修养、职业风范及现场管理能力的高素质酒店管理人才为目标，主要学习基层与中层督导应具备的职业素养物质和技能，研究酒店各营业部门的现场管理规律和方法。通过本门课程的学习，培养并具备饭店基层督导人员应具备的能力要素与素质，包括具有良好的沟通能力、评价与配置能力、督导艺术技巧、解决问题能力、时间管理、团队协作、基层培训、团队建设能力	54
6	酒店信息系统应用	02－02－01、03－02、05－02－01、05－03－07、07－02－05、07－02－06、18－01－01、24－03、28－02、35－03－11、51－03－05	本课程的教学内容围绕酒店日常工作典型工作任务开展：从酒店信息系统概述（简要介绍）、Fidelio/Opera 系统概览、客户资料管理与维护、预订（reservations）、前台（front desk）接待入住与在店客人服务、收银结账（cashier check）、夜审（night audit）与房务管理（rooms management）、酒店信息系统其他应用等几个方面，将酒店系统应用中所需的知识、能力、素养有机整合，以培养学生的职业能力。教学模式上，改变以往的传统课程教学模式，与酒店合作进行基于工作过程开发与设计，实施项目化教学与任务驱动型教学，该课程的内容主要突出开放性、实践性要求，理论知识以适度、够用为原则，重点在实践操作	72

续上表

序号	课程名称	职业能力	主要教学内容和要求	参考学时
7	酒店网络营销	33－02－03、49－02、51、57－05、70－03、70－07	本课程的教学内容围绕各酒店开展网络营销活动典型工作任务开展：包括酒店网络市场调研，酒店网络营销组合策略分析，酒店搜索引擎营销，酒店电子邮件营销，酒店 RSS、博客与微信营销，酒店网络广告营销等 6 个任务。每个任务中，既包括网络营销基本技能的训练，又涵盖了学生自主创业实践；既有团队合作完成的内容，又有独立完成的任务，以培养学生的职业能力。在教学模式上，改变以往的传统课程教学模式，与酒店合作进行基于工作过程的开发与设计，实施项目化教学与任务驱动型教学。该课程的内容主要突出开放性、实践性要求，理论知识以适度、够用为原则，重点在实践操作	36

注：“职业能力”栏目下的职业能力编码与本书“附录 1. 现代学徒制酒店管理专业职业能力分析表”中的编码对应。

表 1－12 学徒岗位能力课程内容及要求（三年制）

序号	课程名称	职业能力	主要教学内容和要求	参考学时
1	房务管理	01－03－03、02－01－03、02－02－01、02－02－02、02－02－03、03－02－01、04－04、04－05、04－06、13－02、15－02、15－03、16－01、16－02－01、16－02－02、16－02－03、16－03、17－01－01	本课程是现代学徒制酒店管理专业中一门关键的核心课程。作为统领酒店前厅、客房两大主要分支部门，房务部的运营和管理直接影响着酒店的年终盈利水平与顾客总体入住体验。本课程从酒店中层运营管理的角度出发，讲授房务部门在日常运作与管理中的基本运营知识，结合前厅、客房两分支部门在日常运作中常见的问题，及基层管理必须具备的督导技能和要求，务求让学生扎实掌握与其岗位相符的管理知识及岗位督导、岗位劳动技能，达到胜任前厅部、客房部主管或部门副经理的水平	54

续上表

序号	课程名称	职业能力	主要教学内容和要求	参考学时
2	餐饮经营管理	30－01、30－03－01、30－03－02、30－03－03、30－04、35、36－02、37、38、39、40、41、42、43、44、45、46、47、49	本课程以岗位职业能力培养为主线，采用“教、学、做”一体化的教学模式，采用任务驱动教学法，让学生带着任务参与到教师的课堂教学中去。让学生在完成具体项目工作任务过程中掌握中外餐饮业的基本趋势和餐饮文化，掌握餐饮销售及生产管理的知识和技能	54
3	酒店财务管理	13－01、30－02、30－03、43－01、44－02－02、57－05－05、57－06－03、62－02、63－02	本课程的主要教学内容是根据酒店业发展需要以及完成岗位实际工作任务所需要的知识、能力、素质要求选取的，内容主要包括筹资与投资管理、酒店营运资金管理、酒店财务控制与财务预算、酒店财务分析。在教授的内容中除了包括案例导入与相关理论知识，还包括为完成工作任务提供必需的相关知识，为日后从事酒店管理工作打下坚实的理论基础和有效的实践经验	54
4	酒店网络营销	33－02－03、49－02、51、57－05、70－03、70－07	本课程的教学内容围绕各酒店开展网络营销活动典型工作任务开展：包括酒店网络市场调研，酒店网络营销组合策略分析，酒店搜索引擎营销，酒店电子邮件营销，酒店RSS、博客与微信营销，酒店网络广告营销等6个任务，每个任务中，既包括网络营销基本技能的训练，又涵盖了学生自主创业实践；既有团队合作完成的内容，又有独立完成的任务，以培养学生的职业能力。在教学模式上，改变以往的传统课程教学模式，与酒店合作进行基于工作过程的开发与设计，实施项目化教学与任务驱动型教学。该课程的内容主要突出开放性、实践性要求，理论知识以适度、够用为原则，重点在实践操作	36

续上表

序号	课程名称	职业能力	主要教学内容和要求	参考学时
5	酒店安保管理	26、32、35、36－01－01、36－01－02、42、43、70－06－02、70－06－04、70－06－07、70－09	本课程是研究酒店如何安全地开展生产经营及如何应对酒店安保部门日常运营中可能会出现的常见安全事故的一门综合性管理课程。内容的编排和组织主要以酒店业实际生产过程中所遇到的安全管理问题为主线，以酒店基层管理岗位的实际安保任务为引领，以迪拜朱美拉集团帆船酒店、碧桂园凤凰城酒店等中外高星级、有代表性的国际酒店人员安保管理手册为实际依据进行案例化、项目化教学，使学生全面掌握安全管理中的基本原理、原则和方法，了解目前酒店业在日常经营、生产和管理过程中可能存在的各种危险及应该采取的预防措施	36
6	酒店信息系统应用	02－02－01、03－02、05－02－01、05－03－07、07－02－05、07－02－06、18－01－01、24－03、28－02、35－03－11、51－03－05	本课程的教学内容围绕酒店日常工作典型工作任务开展：从酒店信息系统概述（简要介绍）、Fidelio/Opera 系统概览、客户资料管理与维护、预订（reservations）、前台（front desk）接待入住与在店客人服务、收银结账（cashier check）、夜审（night audit）与房务管理（rooms management）、酒店信息系统其他应用等几个方面，将酒店系统应用中所需的知识、能力、素养有机整合，以培养学生的职业能力。在教学模式上，改变以往的传统课程教学模式，与酒店合作进行基于工作过程开发与设计，实施项目化教学与任务驱动型教学。该课程的内容主要突出开放性、实践性要求，理论知识以适度、够用为原则，重点在实践操作	72
7	酒店督导管理	63、64、65、66、68、70	本课程以培养具有良好的个人修养、职业风范及现场管理能力的高素质酒店管理人才为目标，主要学习基层与中层督导应具备的职业素养物质和技能，研究酒店各营业部门的现场管理规律和方法。通过本门课程的学习，培养并具备饭店基层督导人员应具备的能力要素与素质，包括具有良好的沟通能力、评价与配置能力、督导艺术技巧、解决问题能力、时间管理、团队协作、基层培训、团队建设能力	54

注：“职业能力”栏目下的职业能力编码与本书“附录 1. 现代学徒制酒店管理专业职业能力分析表”中的编码对应。

十一、教学安排

高职两年制教学安排、高职三年制教学安排分别见表 1－13、表 1－14。

表 1－13　高职两年制教学安排

课程类别		课程名称	学分	总学时	各学期周数、学时分配				教学场所学时分配		评价方式
					1	2	3	4	学校	企业	
					18	18	18	18			
公共基础课程	必修课	思想品德修养与法律基础	4	72	2	2			√		笔试
		毛泽东思想和中国特色社会主义理论体系概论	4	72			4		√		笔试
		形势与政策	2	36	1	1			√		笔试
		应用文写作	4	72	4				√		笔试
		英语	8	144	4	4			√		笔试
		计算机应用基础	4	72		4			√		笔试
		体育	4	72	2	2			√	√	测试
		就业指导与职业生涯设计	2	36	1		1			√	
		创新创业基础	2	36			1	1		√	业绩考核
		已安排课程小计	34	612	14	13	6	1			
		……	…	…	…	…	…	…			
		小　计	36	650							
专业课程	专业技术技能课程（必修课）	企业文化	2	36	2					√	笔试＋任务考核
		管理学基础	2	36	2				√		笔试＋任务考核
		公关实务	2	36		2			√	√	笔试＋任务考核
		康乐服务	3	54		3				√	笔试＋任务考核
		酒店英语	4	72			4		√	√	笔试＋任务考核
		茶艺	2	36			2		√		笔试＋任务考核
		调酒与酒吧管理	3	54			3			√	笔试＋任务考核
		毕业设计或毕业论文	4	112				4		√	面试
		已安排课程小计	22	436	4	5	9	4			
		……	…	…	…	…	…	…			
		小　计	33	634							

续上表

课程类别		课程名称	学分	总学时	各学期周数、学时分配				教学场所学时分配		评价方式
					1	2	3	4	学校	企业	
					18	18	18	18			
专业课程	学徒岗位能力课程（限选课）	房务管理	3	54	3					√	笔试+任务考核
		餐饮经营管理	3	54	3					√	笔试+任务考核
		酒店财务管理	3	54		3			√		笔试+任务考核
		酒店安保管理	2	36		2				√	笔试+任务考核
		酒店督导管理	3	54			3			√	笔试+任务考核
		酒店信息系统应用	4	72			4		√	√	笔试+任务考核
		酒店网络营销	2	36				2	√	√	笔试+任务考核
		已安排课程小计	20	360	6	5	7	2			
		……	…	…	…	…	…	…			
		小　计	32	576							
已安排课程合计			76	1 408	24	23	22	7			
任选课（含专业拓展课程）		……	…	200	…	…	…	…			
合　计			>90	2 000 ~ 2 200	22 ~ 26	22 ~ 26	22 ~ 26	22 ~ 26			

注：各校在此基础上，结合学校实际情况，将课程体系设计完整。1. 高职学段总学时数为 2 000 ~2 200 学时，公共基础课程占 20% ~30% 学时，专业技术技能课程占 23% ~33% 学时，学徒岗位能力课程占 16% ~26% 学时，每周安排学时数为 22 ~26 学时。2. 评价方式：①笔试，②面试，③任务考核，④业绩考核，等等。3. 总学分不少于 90，含军训及入学教育、在岗培养、社会实践、毕业教育等活动的学分。4. “……”表示由各院校自行安排的必修课程、选修课程。

表 1－14　高职三年制教学安排

课程类别		课程名称	学分	总学时	各学期周数、学时分配						教学场所学时分配		评价方式	说明
					1	2	3	4	5	6	学校	企业		
					18	18	18	18	18	18				
公共基础课程	必修课	思想品德修养与法律基础	4	72	2	2					√		笔试	
		毛泽东思想和中国特色社会主义理论体系概论	4	72			4				√		笔试	
		形势与政策	2	36	1	1					√		笔试	
		应用文写作	4	72	4						√		笔试	
		英语	8	144	4	4					√		笔试	
		计算机应用基础	4	72		4					√		笔试	
		体育	4	72	2	2					√	√	测试	
		就业指导与职业生涯设计	2	36	1		1					√		
		创新创业基础	2	36					1	1		√	业绩考核	
		已安排课程小计	34	612	14	13	5		1	1				
		……	…	…	…	…	…	…	…	…				
		小　计	36	650										
专业课程	专业技术技能课程（必修课）	前厅服务	2	36	2							√	笔试＋任务考核	
		客房服务	2	36	2							√	笔试＋任务考核	
		餐厅服务	4	72		4						√	笔试＋任务考核	
		康乐服务	3	54			3					√	笔试＋任务考核	
		酒店英语	4	72			2	2			√	√	笔试＋任务考核	
		管理学基础	2	36				2			√		笔试＋任务考核	
		酒店政策法规	2	36				2			√		笔试	
		公关实务	2	36					2		√	√	笔试＋任务考核	

续上表

课程类别		课程名称	学分	总学时	各学期周数、学时分配						教学场所学时分配		评价方式	说明
					1	2	3	4	5	6	学校	企业		
					18	18	18	18	18	18				
专业课程	专业技术技能课程（必修课）	茶艺	2	36					2		√	√	笔试＋任务考核	
		毕业设计	4	112						4		√	面试	
		已安排课程小计	27	598	4	4	5	6	4	4				
		……	…	…	…	…	…	…	…	…				
		小　计	42	796										
	学徒岗位能力课程（限选课）	房务管理	3	54		3						√	任务考核	
		餐饮经营管理	3	54			3					√	任务考核	
		酒店财务管理	3	54			3				√		任务考核	
		酒店网络营销	2	36				2			√	√	任务考核	
		酒店安保管理	2	36				2				√	任务考核	
		酒店信息系统应用	4	72					4		√	√	笔试＋任务考核	
		酒店督导管理	3	54						3	√	√	任务考核	
		已安排课程小计	20	360		3	6	4	4	3				
		……	…	…	…	…	…	…	…	…				
		小　计	40	720										
已安排课程合计			85	1 570										
任意选修课（含专业拓展课程）		……	…	…	…	…	…	…	…	…				
合计（每年约47学分）			138	2 526	22～26	22～26	22～26	22～26	22～26	22～26				

注：各校在此基础上，结合学校实际情况，将课程体系设计完整。1. 高职学段总学时数为2 526学时，其中公共基础课程650学时，专业技术技能课程796学时，学徒岗位能力课程720学时。2. 评价方式：①笔试，②面试，③任务考核，④业绩考核，等等。3. 总学分为138学分，含军训及入学教育、在岗培养、社会实践、毕业教育等活动的学分。4. “……”表示由各院校根据实际自行安排必修课程和选修课程。

十二、教学基本条件

（一）学校条件

1. 学校导师条件

学校导师必须从酒店管理专业专任教师中选拔，选聘时强调师德与专业水平。要求导师必须具有较高的政治素质与高度的责任心；有扎实的酒店专业知识与合理的知识结构；了解现代学徒制酒店管理专业的培养目标，熟悉专业教学计划和各教学环节的关系，具有酒店管理专业学习指导能力；具有硕士研究生以上学历或中级以上职称，并具有酒店工作经验或酒店顶岗实习经历，具备开发酒店职业教育课程的能力。

2. 校内实训室

为了能够达到现代学徒制酒店管理专业人才培养的目标，取得良好的教学效果，应该保证必要的实践教学条件。校内实训必须具备中餐实训室、西餐实训室、客房实训室及前厅实训室等基础性实训室，主要设施设备及数量（按每个教学班 30 人计）如表 1－15 所示。

表 1－15 校内实训室及其设备配置

序号	实训室名称	主要工具和设施设备		
		名　称	规　格	数量（台或套）
1	中餐实训室	宴会桌椅	2.2 m	22
		中餐实训餐具	10 寸装饰盘 6 寸味碟 3.5 寸汤碗 金属长柄勺 瓷质汤勺 塑料筷子 瓷质筷子架 玻璃水杯 250 mL 红葡萄酒杯 225 mL 白葡萄酒杯 200 mL 白酒杯 15 mL/30 mL	60
		器械柜	2.2 m×1.2 m	10
		中餐实训布草	桌布：220 cm×200 cm 餐巾：50 cm×50 cm	25
2	西餐实训室	电脑	Pentium （R） Dual － Core CPU E5700 3.00 GHz	1
		投影仪	36.5 cm×25.2 cm×9.6 cm	1

续上表

序号	实训室名称	主要工具和设施设备		
		名　称	规　格	数量（台或套）
2	西餐实训室	投影幕	120 寸	1
		点餐机	14 寸	1
		空调	大 2 匹	2
		备餐台（工作台）	150 cm×80 cm	4
		接待服务台	60 cm×40 cm×110 cm	1
		大器械柜	2.4 m×1.2 m	5
		单炉服务车	75 cm×40 cm×100 cm	1
		对开门电冰箱	—	1
		冷热直饮水机	—	1
		咖啡机	900 W	1
		小型制冰机	448 mm×400 mm×798 mm,220 W	1
		西餐桌	120 cm×120 cm×75 cm	18
		西餐椅	92 cm×45 cm	36
		咖啡豆研磨机	220 V	2
		虹吸壶	—	4
		比利时咖啡壶	32 cm×21 cm×41 cm	3
		美式咖啡机	—	2
		爱尔兰咖啡杯架	不锈钢，金色	6
		爱尔兰咖啡杯	玻璃材质，180 mL	10
		摩卡壶	不锈钢，105 mm × 105 mm × 198 mm	2
		普通咖啡杯	瓷质，120 mL	30
		普通玻璃杯	果汁杯，150 mL	60
		盎司器	不锈钢，15～30 mL/30～45 mL	30
		电磁炉	—	1
3	客房实训室	美的立体空调	—	1
		电脑	Pentium（R）Dual－Core CPU E5700 3.00 GHz	2
		电话机	—	137

续上表

序号	实训室名称	主要工具和设施设备		
		名　称	规　格	数量（台或套）
3	客房实训室	POS 机	S78	1
		饮水机	—	1
		保险柜	—	1
		电视	32 寸	137
		客房空调	1.5 匹	137
		床	标双：1.2 m×2 m 标单：1.5 m×2 m	标双：252 标单：10
		沙发	PU，长度 180 cm	1 套
		针式打印机	FP－612K	1
		打印机	—	1
4	前厅实训室	电脑	Pentium （R） Dual － Core CPU E5700 3.00 GHz	总共 1 台
		验钞机	JBYD 33300	总共 1 台
		礼宾服务台	60 cm×40 cm×110 cm	总共 1 台
		投影仪	36.5 cm×25.2 cm×9.6 cm	总共 1 台
		投影幕	120 寸	总共 1 台
		酒店信息管理系统	3.0	总共 1 个
		音响设备	—	总共 1 套
		沙发（含茶几）	180 cm×50 cm/120 cm×50 cm	总共 1 套
		功放、音箱	—	总共 1 套
		无线麦克风	功放配套	总共 1 套

注：此表仅供参考，各院校可根据各自的实际进行建设。

（二）企业条件

1. 企业导师条件

企业导师必须从合作酒店相关部门中选聘业务骨干，一般应具备本科以上学历，或具有 5 年以上的酒店工作经历，业务素质高、专业知识丰富、工作能力强、职业道德好并具有良好的语言表达能力，同时要有教育教学的培训经历，具有较强的教学能力。

2. 岗位培养条件

为保证现代学徒制人才培养方案的实施，并有利于合作酒店前厅、餐饮和客房等三大核心部门领班、主管和经理等管理岗位群的服务技能和管理能力的培养及职业素质的养成，合作酒店需具备能够满足酒店领班、主管及经理等管理岗位专业实践教学和技能训练的岗位培养条件，具体包括：相应岗位、配套设施、导师、倾斜政策等。

十三、教学实施建议

（一）教学要求

合作酒店前厅、餐饮和客房等三大核心部门在领班、主管和经理等学徒目标岗位的培养过程中，学徒的主要学习过程在合作酒店内完成。因此，建议在教学模式、教学方法、教学手段等方面进行改革与创新。

（1）教学模式的改革与创新：在教学过程中应进一步实施“做中学、做中教”的教学模式，通过合作酒店前厅、餐饮及客房等岗位工作条件，以酒店工作场景为导向，实施真实的项目化教学，做到“理实一体化”，充分调动学徒学习的能动性。同时，结合学徒特点和岗位实际进行轮岗培养。

（2）教学方法的改革与创新：在教学中，建议采用问题导向、任务驱动、项目实施、案例分析、情景演示等方法，培养学徒在工作岗位中解决和分析酒店内实际问题的能力。

（3）教学手段的改革与创新：建议采用多元化教学手段，学徒除了利用学校或合作酒店的教学场所进行学习，也可借助移动工具、学校信息化平台（如微课、网络课程）等进行学习，充分调动学习兴趣和积极性，提高教学效果。

（二）教学组织形式

合作酒店前厅部、餐饮部及客房部等领班、主管和经理岗位的培养以岗位学习和“师带徒”模式学习为主，学徒的主要学习过程在合作酒店内完成。因此，教学组织的形式应该灵活机动，第一，可以利用合作酒店提供的教学场所，采用送教上门方式，组织学徒在酒店内完成授课任务。同时，根据合作酒店所提供专业技能教学的职业岗位，进行相应任务训练以及岗位实践。第二，根据教学安排定期集中学徒返回校园，进行课堂教学和活动交流，让他们感受大学校园的氛围，并通过利用学校的教学资源和教学设备以满足大学求学的欲望等。

（三）学业评价

根据现代学徒制酒店管理专业人才培养目标，以学徒目标岗位的知识、能力、素养需求为标准，构建以多主体、多角度、多层面、多方位为特色的学业评价体系。学徒、学校和合作酒店全程参与学业的考核评价，创设一种民主、平等、和谐的教学环境，最大限度地让每个学徒的个性得到充分的发展，切实提高学徒的就业基础能力、岗位核心能力以及职业迁移能力。

1. 评价主体

学徒（自评与互评）、导师（学校与合作酒店）、单位（专业系部与合作酒店相关部门）

2. **评价内容**

专业理论：根据知识目标，考核学徒对基础知识的接受程度及理解的广度和深度。

岗位技能：根据岗位职业能力目标，结合酒店行业标准，考核学徒掌握技能的程度以及对岗位工作出现的问题分析及处理的效果。

职业素养：根据素养目标，考核学徒工作中对规范、安全文明、礼仪、环保意识等职业素养的养成情况。

3. **评价方式**

（1）过程性考核与终结性考核相结合。

（2）理论知识与岗位实操相结合。

（3）综合答辩与现场应变能力测试相结合。

（4）学业绩效与岗位晋升相结合。

4. **评价指标体系（见表1－16）**

表1－16　评价指标体系

<table>
<tr><th colspan="4">评价内容</th><th>评价形式</th><th>分值/分</th><th>评定等级</th></tr>
<tr><td rowspan="3">专业理论</td><td colspan="2">公共基础课程</td><td rowspan="3">重点关注：学徒的学习方法、学习能力及学习效果</td><td rowspan="3">平时作业
卷面考试</td><td rowspan="3">25</td><td rowspan="11">优秀（90分以上）
良好（80～89分）
中等（70～79分）
及格（60～69分）
不及格（60分以下）</td></tr>
<tr><td colspan="2">专业技术技能课程</td></tr>
<tr><td colspan="2">学徒岗位能力课程</td></tr>
<tr><td rowspan="3">岗位技能</td><td rowspan="3">前厅部
餐饮部
客房部</td><td>领班</td><td rowspan="3">重点关注：学徒的接受能力、积极性、操作规范、掌握熟练程度和效果</td><td rowspan="3">完成岗位任务
应变能力测试
答辩
毕业设计</td><td rowspan="3">40</td></tr>
<tr><td>主管</td></tr>
<tr><td>经理</td></tr>
<tr><td rowspan="5">职业素养</td><td colspan="2">对待学习</td><td rowspan="5">重点关注：学徒在学期间的态度、意识、能力、表现和效果</td><td rowspan="5">考勤
观察
面试
反馈意见</td><td rowspan="5">35</td></tr>
<tr><td colspan="2">对待任职酒店及学校</td></tr>
<tr><td colspan="2">与他人的关系</td></tr>
<tr><td colspan="2">团队合作</td></tr>
<tr><td colspan="2">对待岗位工作</td></tr>
</table>

注：评价指标体系表只针对学业评价做出整体框架，各院校根据自己的实际进行细化。充分关注：学徒对酒店专业知识的理解和技能掌握、专业知识在实践中运用与解决实际问题的能力水平，重视归属感、规范性操作、团队合作等职业素养的形成等。

（四）教学管理

由于现代学徒制酒店管理专业的生源主要是来自中职学校，他们有一定的酒店专业知识和技能基础，主要学习过程在合作酒店内完成。因此，应在教学管理过程中，应以制度建设为基础，搭建在线教学体系，形成与教学过程相适应的教学管理平台，实现教学管理的互联网化，确保教学质量。

(1) 制定《现代学徒制酒店管理专业人才培养日常教学管理方法》，明确制定实施性人才培养方案，课程教学管理，在学期间学业考核要求及教学文件管理等内容，以保障教学运行有序进行。

(2) 建立现代学徒制酒店管理专业教学实训一体化学习平台，以合作酒店工作场景为导向，以前厅部、餐饮部和客房部的领班、主管及经理等岗位的工作任务为基础，关联相关知识点，使学校课程内容与合作酒店的实操相衔接，学徒可借助移动工具在碎片化时间完成学习和考核，形成完善的学生教学实训电子档案。老师能够通过远程手段了解学徒的状况。

(3) 建立学校、合作酒店和学徒家长经常性的学徒学习信息通报制度。在多方的配合管理下强化酒店岗位实践技能和综合素质的培养，从而保障学徒的岗位培养和岗位成才。

(五) 质量监控

(1) 建立多元监控系统。根据现代学徒制的特点，引入学校、合作酒店及社会等监控主体，确定他们在教学质量监控终端的工作职责、地位和作用。同时，成立教学督导委员会，聘请酒店管理专业负责人、合作酒店技术骨干、家长等参加，对人才培养的全过程实施有效的监控。

(2) 建立由校企双方共同制定的《现代学徒制酒店管理专业教学质量监控管理制度》。完善岗位学习的巡视和跟踪管理；规范学徒的档案管理；加强监督检查，保证教学工作健康、安全和有序开展。

(3) 建立现代学徒制酒店管理专业综合信息系统。将收集到的校企专家、骨干、导师、社会等关于教学方面的信息以多种形式，如例会、专题分析报告、内参等，反馈到相关部门，由相关部门进行修正并执行，确保各教学环节能顺利进行。

十四、开发团队

各高职院校在实施现代学徒制酒店管理专业的教学过程中，可以本标准为基础。同时，根据不同区域及其合作酒店学徒岗位的实际需求，自主设置特色课程。

(一) 行业企业专家团队（见表1-17）

表1-17　行业企业专家团队

序号	姓名	工作单位	职称、职务
1	朱石群	佛山高明碧桂园凤凰酒店	行政总监
2	潘艳玲	佛山岭南天地马哥孛罗酒店	行政总监
3	陈翰恩	佛山保利洲际酒店	人力资源部经理
4	黄懿灵	深圳滴水湾控股有限公司	董事长助理
5	李秀兰	佛山市南海枫丹白鹭酒店	行政人事经理

续上表

序号	姓名	工作单位	职称、职务
6	黄翠萍	佛山顺德美的万豪酒店	人力资源部经理
7	陈晓月	佛山岭南天地马哥孛罗酒店	销售总监
8	麦英华	佛山市南海枫丹白鹭酒店	总监（主管理餐饮、营销）
9	黄昌毅	佛山市南海枫丹白鹭酒店	中餐部副经理
10	蔡金玲	佛山恒安瑞士大酒店	中餐厅经理
11	岳宏伟	佛山高明碧桂园凤凰酒店	前厅经理
12	李柳英	佛山岭南天地马哥孛罗酒店	行政管家
13	陈桂亮	佛山高明碧桂园凤凰酒店	客房经理

（二）学校教师团队（见表1－18）

表1－18　学校教师团队

序号	姓名	工作单位	职　称
1	余　琳	佛山职业技术学院	教授
2	陈瑞萍	佛山职业技术学院	副教授
3	王　炜	佛山职业技术学院	讲师
4	余孟君	佛山职业技术学院	助教
5	周艳丽	佛山职业技术学院	讲师
6	吴健鹏	佛山职业技术学院	讲师
7	马　锦	佛山职业技术学院	助教
8	黄小浪	佛山职业技术学院	助教
9	腾晓蓉	佛山职业技术学院	副教授
10	石玉秋	佛山职业技术学院	副教授
11	李建国	佛山职业技术学院	副教授
12	杨香花	佛山职业技术学院	副教授
13	谢连聪	佛山职业技术学院	讲师
14	李彦辉	佛山职业技术学院	助教
15	黄佑军	佛山职业技术学院	教授
16	陈大力	佛山职业技术学院	副教授

下　篇

高职现代学徒制酒店管理专业课程标准

企业文化课程标准

一、课程名称

企业文化。

二、适用专业及面向岗位

本课程既适用于酒店管理专业，又适用于旅游管理专业。主要面向前厅部、餐饮部、客房部等部门的领班、主管、经理等岗位。

三、课程性质

本课程是现代学徒制酒店管理专业的一门企业必修专业技术技能课程。通过学习，学生能掌握企业文化相关的核心理论、基础知识和基本技能，同时能结合酒店业的经典案例进行分析；学生能够独立地进行企业文化的调查、咨询、诊断与策划的文案工作，从而具备独立从事企业文化建设与管理的能力。

四、课程设计

本课程设计的总体思路：根据广东省酒店行业对人才需求和高职教育对人才培养目标的定位，以酒店管理专业的教学培养目标为出发点，着重培养学生的人文素质，培养学生未来可持续发展的能力。在对毕业生、酒店调研和教师教学经验总结的基础上，分析酒店典型工作任务与素质能力，形成课程典型的学习任务。

课程教学内容围绕企业文化的典型工作任务展开，包括认知企业文化、企业文化的应用、测量与设计企业文化、解读企业伦理与社会责任、企业文化再造 5 个模块。每个模块中，既包括基本理论的学习，又包括了技能的训练；既有团队合作完成的任务，又有独立完成的任务，以培养学生的团队合作能力和独当一面的能力。

在教学模式上，改变以往的传统课程教学模式，以岗位职业能力培养为主线，突出实践性和开放性。采用任务驱动法，让学生带着任务参与到教师的课堂教学中去。让学生在完成具体项目工作任务过程中掌握不同类型企业文化的特征，同时注重学生的技能训练，具有初步进行企业文化调查、企业文化规划设计的能力。

五、课程教学目标

（一）知识目标

（1）理解和掌握企业文化的基本概念、基本理论知识和分析解决问题的基本方法。
（2）学会用企业文化理论分析和解决企业实际问题的方法。

（二）能力目标

（1）能从企业文化的角度分析企业经营和管理中的问题。
（2）能够独立进行企业文化的调查、咨询、诊断与策划的文案制作。
（3）能设计企业文化调查问卷（包括量表设计）。
（4）熟悉企业文化再造的流程。

（三）素养目标

（1）树立爱岗敬业、维护企业形象的意识。
（2）具有沟通与交流的能力。
（3）具有发现问题与解决问题的能力。
（4）具有创新能力。
（5）具有责任意识。

六、参考学时与学分

参考学时：36 学时。
参考学分：2 学分。

七、课程结构（见表 2－1）

表 2－1 企业文化课程结构

序号	学习任务	职业能力	知识、技能、态度要求	教学活动设计	学时
1	认知企业文化	47－02	1. 理解文化的概念； 2. 了解文化和企业文化的概念； 3. 认识国学、地域文化和领导方式对企业文化的影响； 4. 能够运用所学理论分析酒店企业文化	1. 认知企业文化的基本理论； 2. 理解影响企业文化的重要因素	8

续上表

序号	学习任务	职业能力	知识、技能、态度要求	教学活动设计	学时
2	企业文化的应用	69－05、70－05、70－08	1. 了解著名企业的企业文化及其特征； 2. 了解典型性旅游企业的企业文化及其特征； 3. 将所学知识运用到企业文化管理实战	1. 结合经典的案例分析旅游企业文化； 2. 组织一场以“酒店需要什么样的企业文化”为主题的演讲比赛	8
3	测量与设计企业文化	12	1. 掌握旅游企业文化测量的理论基础、测量维度和量表设计； 2. 掌握旅游企业文化设计的关键原则和设计方法； 3. 运用所学知识设计企业文化调查问卷	1. 企业文化测量的理论、测量维度和量表设计； 2. 企业文化设计的原则和方法； 3. 设计一份有瑕疵的调查问卷让学生找出其中的错误	8
4	解读企业伦理与社会责任	14－01、70	1. 理解旅游企业伦理的概念和内涵； 2. 理解旅游企业企业伦理和责任缺失的现状	1. 企业伦理和旅游企业伦理； 2. 旅游企业社会责任缺失现状； 3. 旅游企业的社会责任建设； 4. 评选“酒店社会责任”典范企业	6
5	企业文化再造	70－03	1. 了解旅游企业文化物质层、制度层、精神层再造的条件和思路； 2. 掌握旅游企业文化再造的方法	1. 学习企业文化再造的理论和认识代表人物； 2. 旅游酒店企业文化再造案例教学	6
合　计					36

注：“职业能力”栏目下的职业能力编码与本书“附录1. 现代学徒制酒店管理专业职业能力分析表”中的编码对应。

八、资源开发与利用

（一）教材编写与使用

编写配套教材要根据本课程标准，要征求行业、企业的意见，要进行广泛调研和讨论，在企业需求、培养目标和学生技能方面达成一致，要注意和前后课程的连贯性、一致性，各项设计活动要具有可操作性。教材要突出文化特色、案例特色和移动互联网特色；让学生在了解基本理论的基础上，以典型的企业案例来驱动；以学习目标—案例导入—学习指导—案例分析—实训应用—相关链接（包括网站链接、二维码链接等）为参考流程来组织编写。

（二）数字化资源开发与利用

可围绕课程结构中各学习任务，开发数字化资源，仿照精品资源课程的体例内容，建立企业文化教学网站。网站主要内容包括教学大纲、授课教案、电子课件、实训项目、案例库、主讲教师教学录像、学生实训成果、相关网站链接、微课、课程二维码等。

（三）企业岗位培养资源的开发与利用

以酒店学徒岗位为依托，吸收酒店骨干人员纳入教学团队。同时，利用合作企业现有的工作环境和设备满足学生实训和实习的需要，并关注学生职业能力的发展和教学内容的调整。积极与合作酒店共同开发并更新课程资源，定期向企业获取实际相关案例，归类并应用于教学过程，并尝试将优秀学生的规划设计作品推荐给酒店使用。

九、教学建议

课程教学方法以调动学生的积极性为核心。除讲授、提问、案例分析、小组讨论等常用的方法外，结合本课程的特点，适应高职的要求，探索并完善以参与式、体验式、交互式和模拟教学等实践教学为基本形式的多种方法，并建立基于多媒体和移动互联网构成的立体化教学载体。

十、课程实施条件

本课程提倡学校和企业相结合的教学环境，学校使用多媒体教室，有互联网，有WiFi连接；企业有相应条件的培训室。

提倡建立“双导师”课程团队，学校专任教师应具备酒店管理、旅游管理专业或相关专业研究生及以上学历，并拥有高等职业学校教师资格证书，至少具有一年及以上酒店企业的实践经验。企业导师为拥有较为丰富的酒店行业工作经验的管理人员，以加强理论知识与岗位技能的教学，满足现代学徒的成长需要。

十一、教学评价

本课程评价以学生为中心，突出考核学生的课堂参与能力和技能水平。包括过程性评价和终结性评价两部分内容，总分为 100 分。见表 2－2。

表 2－2　教学考核内容及标准

序号	考核项目	考核标准	权重/%
1	课堂表现	课堂纪律（5 分），作弊和抄袭（5 分），课堂积极性（5 分）	15
2	实训成绩	参与主动性（5 分），准备充分性（5 分），内容完整性（10 分），创新性（5 分），语言及仪态仪表（10 分）	35
3	期末考试	宜采用考察形式（如设计一份企业文化调查问卷、酒店企业文化调研报告等）	50
合　计			100

附：企业文化课程结构鱼骨图（见图 2－1）。

（撰稿人：李彦辉、欧越男、吴慧怡）

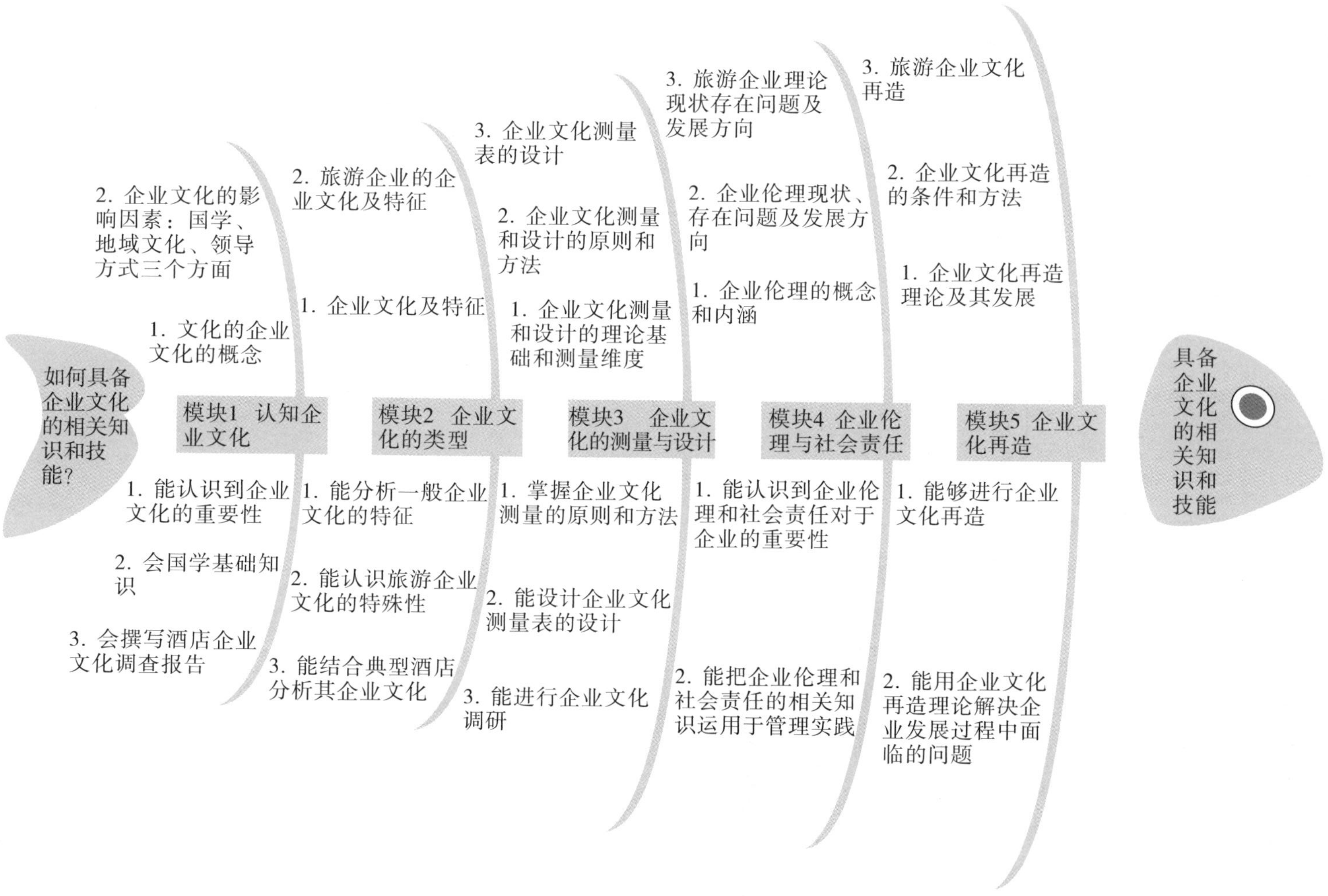

图2-1 企业文化课程结构鱼骨图

管理学基础课程标准

一、课程名称

管理学基础。

二、适用专业及面向岗位

本课程既适用于酒店管理专业，又适用于旅游管理专业。主要面向前厅部、餐饮部、客房部部门的领班、主管、经理等岗位。

三、课程性质

本课程是现代学徒制酒店管理专业的一门学校必修专业技术技能课程。通过对本课程的学习，学生能够系统地掌握从事管理工作的基本理论、技术和方法，为学习专业课程奠定良好的基础，使学生具备利用管理学思想分析问题、解决问题的能力。

四、课程设计

以岗位职业能力培养为主线，采用“教、学、做”一体化的教学模式，采用任务驱动法，让学生带着任务参与到教师的课堂教学中去，在完成具体项目工作任务过程中掌握管理学的基础知识。在教学过程中，应本着“理论够用、重在实践”的原则，重视理论与实践相结合，注重培养学生运用管理学理论从自我做起、管理好自己、管理好团队、参与企业管理的能力。

课程教学内容围绕酒店各部门管理活动的典型工作任务展开：包括管理与管理者、管理理论与人性假设、管理的基本职能、管理的通用职能、管理实务五大任务。每个任务中，在学习管理学基本理论的同时，又结合酒店具体情境来实践相关理论。既有团队合作完成的任务，又有独立完成的任务，以培养学生的团队合作能力和独当一面的能力。

教学模式上，改变以往的传统课程教学模式，与酒店合作进行基于工作过程（典型工作任务）的设计，实施项目化教学与任务驱动型教学，结合酒店工作实际，把管理理论和方法渗透到酒店管理的各个环节如预订管理、前厅管理、客房管理、餐饮管理、销售管理、收益管理等各环节。

五、课程教学目标

（一）知识目标

（1）掌握管理的内涵，了解早期的管理思想、各管理学派的基本观点和代表人物。

（2）掌握管理的基本职能、基本原理和方法。

（3）掌握管理的计划、组织、领导、控制、创新等职能的基本内涵、要求。
（4）了解当今管理发展的趋势和管理学的最新研究成果。

（二）能力目标

（1）能运用相关的管理理论和方法分析管理实际问题。
（2）能够对自己进行较为有效的管理，能够顺利融入工作和生活中的团队，能够理解和适应企业的管理和发展。
（3）能管理好一个团队，经过锻炼能成为一个基层管理者。
（4）运用所学管理知识进行具体的管理案例分析。

（三）素养目标

（1）具有较强的判断与决策能力。
（2）具有高度的责任。
（3）具有时间管理、抗压、诚实守信的职业素养。
（4）具有良好的沟通、协调与交流能力，能有效地进行团队合作。

六、参考学时与学分

参考学时：36 学时。
参考学分：2 学分。

七、课程结构（见表 2－3）

表 2－3　管理学基础课程结构

序号	学习任务（单元、模块）	职业能力	知识、技能、态度要求	教学活动设计	学时
1	管理认知	13、65、70－03、70－09	1. 掌握管理的内涵、职能； 2. 掌握管理者的角色； 3. 管理与环境的关系； 4. 了解早期的管理思想、各管理学派的基本观点和代表人物	企业管理活动案例引入，管理的内涵、职能讲解管理者角色典型案例、管理者的角色、管理与环境的关系讲解，早期管理思想、各管理学派基本观点和代表人物讲解	8

续上表

序号	学习任务（单元、模块）	职业能力	知识、技能、态度要求	教学活动设计	学时
2	计划	64、69－05、70－05、70－06、70－08	1. 掌握计划的含义和类型； 2. 熟悉计划的编制程序； 3. 了解相关计划制订的方法	案例引导，讨论：你是否有做计划的习惯？ 讲授计划概念、特征、类型； 引入寓言故事，讲授目标管理	6
3	组织	05－01－02、09－02、11、30－02、70－01、70－05、70－08、70－09	1. 掌握组织含义及组织设计理论； 2. 熟悉常见的部门化结构模式； 3. 了解人员配备的方法和原则	案例引入，讲授组织的含义、特点； 案例引入，讲解组织设计的影响因素、程序、内容，以及组织结构设计的类型； 讨论：过度集权的弊端授权的原则讲授	6
4	领导	05－01－02、09－02、11、30－02、70－01、70－05、70－08、70－09	1. 掌握权力形成机制与运用要领； 2. 掌握指挥的形式与要领； 3. 掌握激励的理论与方法。 4. 掌握沟通的原则与演讲的要领； 5. 掌握人际交往与合作的原理与艺术； 6. 掌握团队特征与建设要领	案例引入，讲解领导的含义、权力的形成；讲解沟通、激励的基本要领；讲解团队建设的特征与要领	8
5	控制	05－01－02、09－02、11、30－02	1. 了解控制职能的含义，理解控制过程； 2. 掌握三种管理控制的步骤、方法与要领； 3. 理解控制中的行为反应与管理； 4. 掌握三种现代控制方法； 5. 掌握绩效的考核评价与改进的方法与要领	案例引入，讲解控制的含义及过程；讲解控制的基本方法和原理；讲解绩效考核评价和改进方法；总结	8
合　计					36

注：“职业能力”栏目下的职业能力编码与本书“附录1. 现代学徒制酒店管理专业职业能力分析表”中的编码对应。

八、资源开发与利用

（一）教材编写与使用

编写配套教材要根据本课程标准，要征求酒店行业、企业的意见，要进行广泛调研和讨论，在酒店企业需求、培养目标和学生技能方面达成一致。教材要求突出职业性和实践性，凸显酒店管理专业的职业能力需求和酒店的管理实践。要注意和前后课程的连贯性、一致性，各项设计活动要具有可操作性。教材结构方面，让学生在了解基本理论的基础上，以典型的酒店企业案例来驱动。以学习目标—案例导入—学习指导—案例分析—实训应用—相关链接为参考流程来组织编写。

（二）数字化资源开发与利用

可围绕课程结构中各学习任务，开发立体数字化资源，仿照精品资源课程的体例内容，建立管理学教学网站；网站主要内容包括教学大纲、授课教案、电子课件、实训项目、案例库、主讲教师教学录像、学生实训成果、相关网站链接等；教师还可以尝试 QQ 群视频公开课、微课、二维码链接等数字化的教学模式。

（三）企业岗位培养资源的开发与利用

以酒店学徒岗位为依托，吸收酒店骨干人员纳入教学团队。同时，利用合作企业现有的工作环境和设备满足学生实训和实习的需要，关注学生职业能力的发展和教学内容的调整。

九、教学建议

课程教学方法以调动学生的积极性为核心。除讲授、提问、案例分析、小组讨论等常用的方法外，结合本课程的特点，适应高职的要求，探索并完善以参与式、体验式、交互式和模拟教学等实践教学为基本形式的多种方法，并建立多媒体构成的立体化教学载体。

（1）项目驱动法，实行以项目为主导、以能力为中心的项目教学方法。在对课程进行整体设计的过程中首先确定课程的能力目标和知识目标，然后围绕这些目标设计教学项目。通过项目的练习来训练能力，通过教学的互动调动学生学习的积极性和主动性。

（2）启发式、讨论式教学方法。注重教师的教学引导，在教学过程中根据项目设置要求组织学生以小组形式进行讨论并派代表上台展示。然后以教师评价、小组互评的方式进行展示评价，提高学生的参与性。

十、课程实施条件

本课程提倡“理实一体化”的教学环境，使用多媒体教室及真实的岗位训练环境，以利于教师向学生直观地展示典型案例及现场仿真教学，提高学生的职业技能。

建立“双导师”课程团队，校内教师应具备酒店管理、市场营销专业或相关专业研究生及以上学历，并拥有高等职业学校教师资格证书，提倡专任教师至少具有一年及以上酒店企业工作或管理经验。企业教师应拥有较为丰富的酒店行业工作经验的骨干人员，以加强理论知识与岗位技能的教学，满足现代学徒的成长需要。

十一、教学评价

本课程评价以学生为中心，突出考核学生的课堂参与能力和技能水平。包括过程性评价和终结性评价两部分内容，总分为100分。

表2-4　教学考核内容及标准

序号	考核项目	考核标准	权重/%
1	课堂表现	课堂纪律（5分），作弊和抄袭（5分），课堂积极性（5分）	15
2	实训成绩	参与主动性（5分），准备充分性（5分），内容完整性（10分），创新性（5分），语言及仪态仪表（10分）	35
3	期末考试	宜采用开卷考试的形式（题型建议包括填空、选择、判断，案例分析和论述。让学生真正理解和掌握每堂课的知识点和技能点，做到学以致用，学以活用）	50
合　计			100

附：管理学基础课程结构鱼骨图（见图2-2）。

（撰稿人：李彦辉、周书云、朱石群）

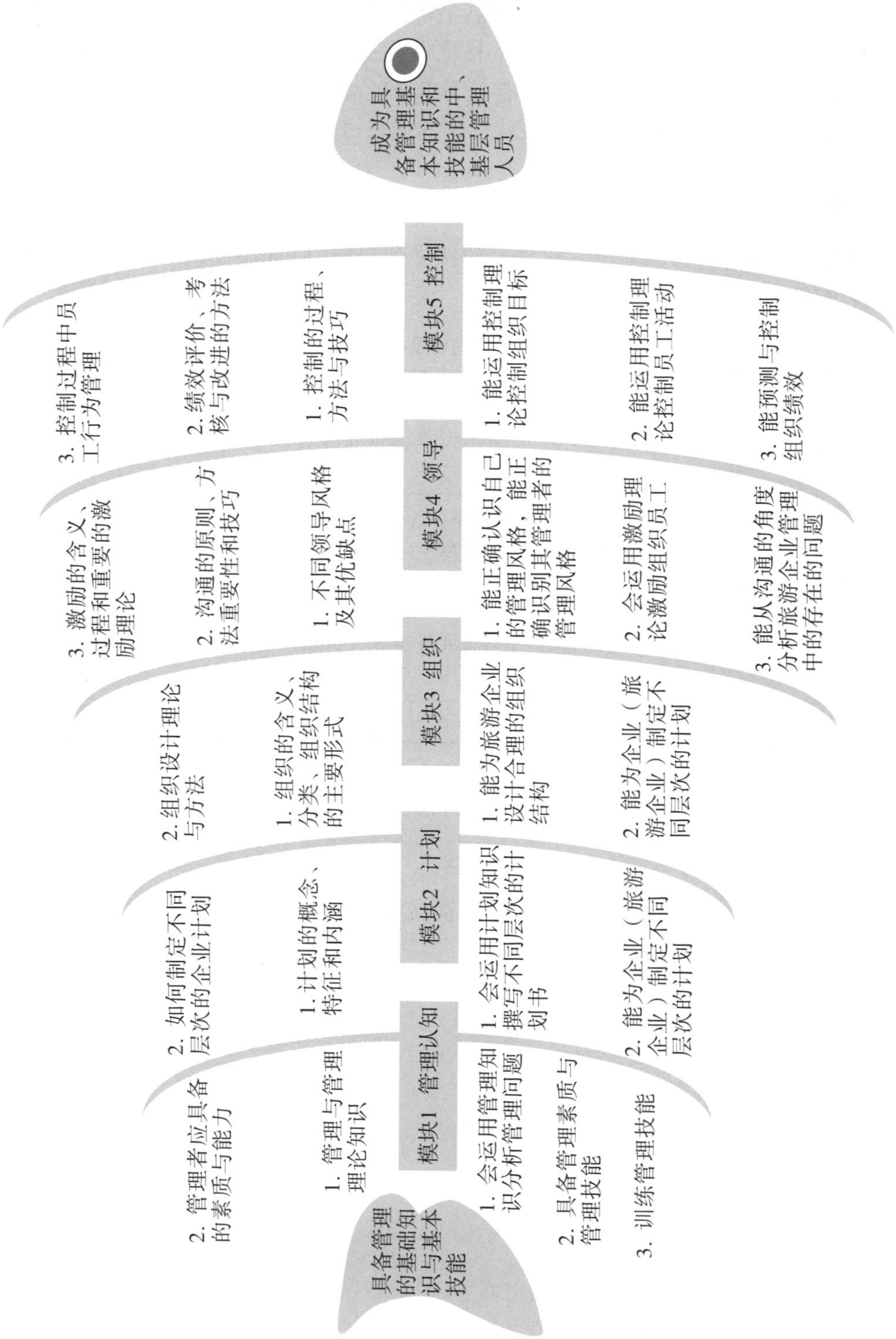

图2-2 管理学基础课程结构鱼骨图

公关实务课程标准

一、课程名称

公关实务。

二、适用专业及面向岗位

本课程既适用于酒店管理专业，又适用于旅游管理专业。主要面向酒店前厅部、餐饮部、客房部的领班、主管、经理等岗位。

三、课程性质

本课程是现代学徒制酒店管理专业的一门学校和企业必修专业技术技能课程。通过本门课程的学习与训练，学生将对其他专业课程进行前后衔接，提升学生综合运用所学专业知识的能力和技巧，也可以从根本上使学生将所学的专业知识转化为解决公共关系实务中处理实际问题的方法，借助公共关系的实务操作对其他课程起到举一反三的作用。

四、课程设计

课程内容的编排和组织是以学生就业为导向，在行业专家的指导下，对酒店、公共关系公司、公共关系协会等专门化方向所涵盖的岗位进行任务与职业能力分析，以实际工作任务为引领，以酒店服务管理过程中涉及的公关策划、传播实施为主线，以公共关系部门的岗位能力要求和公关员职业资格考核要求为依据，采用工作活动流程与并列式相结合的结构来展现教学内容，通过仿真模拟、虚实结合、工学结合、项目团队实战、校企互动等活动项目来组织教学，培养学生初步具有创新思维和分析问题、解决问题的能力，并能制定具体的问卷调查表、调查报告、文案策划书、企业内容刊物、危机管理预案等项目技能，建立相应的评价体系。

五、课程教学目标

（一）知识目标

（1）熟悉公共关系职能。
（2）掌握公关传播的原则和媒介，掌握公关传播实施技巧。
（3）了解危机管理与预防。
（4）掌握公关日常的各种专题活动特点与适用范围。
（5）了解工作总结的基本格式与要求，掌握撰写的基本要领。

（二）能力目标

（1）能组建一个公共关系部门。
（2）会初步制作简单的公共关系广告。
（3）会写出符合新闻报道的宣传稿。
（4）会进行简单的危机管理并制定预案。
（5）会初步举办庆典活动、赞助活动，召开记者招待会等专题公关活动。
（6）能撰写部门工作总结与工作计划。

（三）素养目标

（1）具备公关意识和团队意识。
（2）具备沟通与交流能力。
（3）具备信息处理能力。
（4）能够整合资源。
（5）具备规划能力。
（6）具备时间管理能力。

六、参考学时与学分

参考学时：36 学时。
参考学分：2 学分。

七、课程结构（见表 2－5）

表 2－5　公关实务课程结构

序号	学习任务（单元、模块）	职业能力	知识、技能、态度要求	教学活动设计	学时
1	公共关系部机构设置	65	1. 了解公共关系内涵与发展历程； 2. 熟悉公共关系职能； 3. 理解公共关系人员素质与能力； 4. 熟悉公共关系工作机构组成要素	1. 在全班中根据人数选定若干个部门经理； 2. 由部门经理根据组织目标设置相应岗位，并挑选适合本部门的岗位人员并进行分工； 3. 各岗位人员编制岗位说明书	4

续上表

序号	学习任务（单元、模块）	职业能力	知识、技能、态度要求	教学活动设计	学时
2	公众分析	60	1. 熟悉公共关系的要素； 2. 掌握公众特征； 3. 熟悉公众的分类方法	1. 各部门选定一个相应的组织； 2. 各部门成员进行讨论，分析内部公众和外部公众，并画出组织公众图	8
3	公共关系策划	57－01、57－02	1. 了解公关策划的含义与价值； 2. 理解公关策划的目标系统、策划的原则； 3. 掌握公关策划的内容与程序，会运用策划的公式； 4. 掌握策划的方法，提高策划的综合能力，掌握方案优化审定及报告书的撰写	1. 各部门在调研的基础上，讨论设计公共关系策划书； 2. 各部门撰写公关策划书	10
4	公共关系传播实施	51－02、60－02－03	1. 了解传播的要素及种类； 2. 理解公关传播的原则和媒介，并进行比较； 3. 掌握公关传播实施技巧	1. 设计一则公共关系广告； 2. 利用校园事件让每位同学撰写一篇新闻报道； 3. 部门经理统筹以上内容并编制电子报	10
5	公关危机处理与策略	03－03	1. 了解危机的含义及类型； 2. 熟悉危机的特征； 3. 掌握危机管理与预防	结合当前发生的重大企业危机事件，分析危机处理过程，思考危机处理的方法，提出危机管理的预案	4
合　计					36

注：“职业能力”栏目下的职业能力编码与本书“附录1. 现代学徒制酒店管理专业职业能力分析表”中的编码对应。

八、资源开发与利用

（一）教材编写与使用

（1）应依据本课程标准编写和选用教材。

（2）教材编写应充分体现能力引领、以工作过程为导向的课程设计理念；避免把职业能力简单地描述为单纯的技能操作。

（3）教材要融科学性、时代性、应用性于一体，内容的选择要具有前瞻性，应将本专业领域的发展趋势及实际业务操作中的新知识、新技术和新方法及时纳入其中。

（二）数字化资源开发与利用

（1）多使用、利用多媒体课件、视听光盘、投影等现代信息技术手段教学。

（2）积极开发和利用网络课程资源，积累数字化课程、案例素材，建立教学资源库，精选相关网站和相关知识点的链接，拓宽学生的知识面。

（3）提供网络资源链接，使学生在课堂学习之余，拥有更为丰富、更为前沿的学习资源供可学习、查阅。

参考网站：

①中国公关网，网址：http：//www. chinapr. com. cn/

②中国营销传播网，网址：http：//www. emkt. com. cn/

③中国管理传播网，网址：http：//manage. org. cn/

④中国公共关系协会，网址：http：//www. cpra. org. cn/

（三）企业岗位培养资源的开发与利用

积极与合作酒店共同开发并更新课程资源，定期向合作酒店获取实际公共关系案例，归类并应用于教学过程。

九、教学建议

（1）课内训练与课外实训相结合，突出实践性教学环节，以任务驱动为导向，以项目教学为基本教学手段，通过校园礼仪接待和社会礼仪活动等项目真实场景实战训练，培养学生的实践技能，注重学生综合能力的培养。

（2）在教学过程中，将传统的课堂教师主导模式与学生自主学习模式结合，丰富教学内容和教学环节，将课堂教学延伸到课外，实现整合式教学模式。

（3）改变过去以教师为中心的教学模式，以学生为中心组织教学。在教学过程中，通过学生—教师互动、学生—学生互动、学生—内容互动，将传统的以教师为中心教学，转化为以学生为中心教学，由单向灌输转变为辅导学习，由完成内容转变为取得成果。

十、课程实施条件

采用多种教学手段，充分利用多媒体教室、舞蹈室和形体训练室等教学场地和资源，综合运用小组讨论、案例分析、情景演练、现场模拟等多种方法，提高教学实效。

以学生为本，注重“教”与“学”的互动。通过真实项目由教师、酒店共同提出要求或任务，组织学生进行活动，让学生在活动中树立责任意识，增强团队的合作精神，掌握本课程的职业能力。

十一、教学评价

采用平时评价、项目评价、期末考核评价三个方面，分别占总分比例为10%、60%、30%，共计100分。平时评价以出勤为主，计10分；项目评价注重个人与团队合作、课堂提问、实践操作、项目考核等手段，加强实践性教学环节的考核，每个项目设定权重，评定出项目成绩和加权平均，折合后，最终占总分比例为60%，计60分；课程结束时进行期末考核，以综合项目考核为主，计30分。

附：公关实务课程结构鱼骨图（见图2－3）。

（撰稿人：马锦、张艺、潘艳玲）

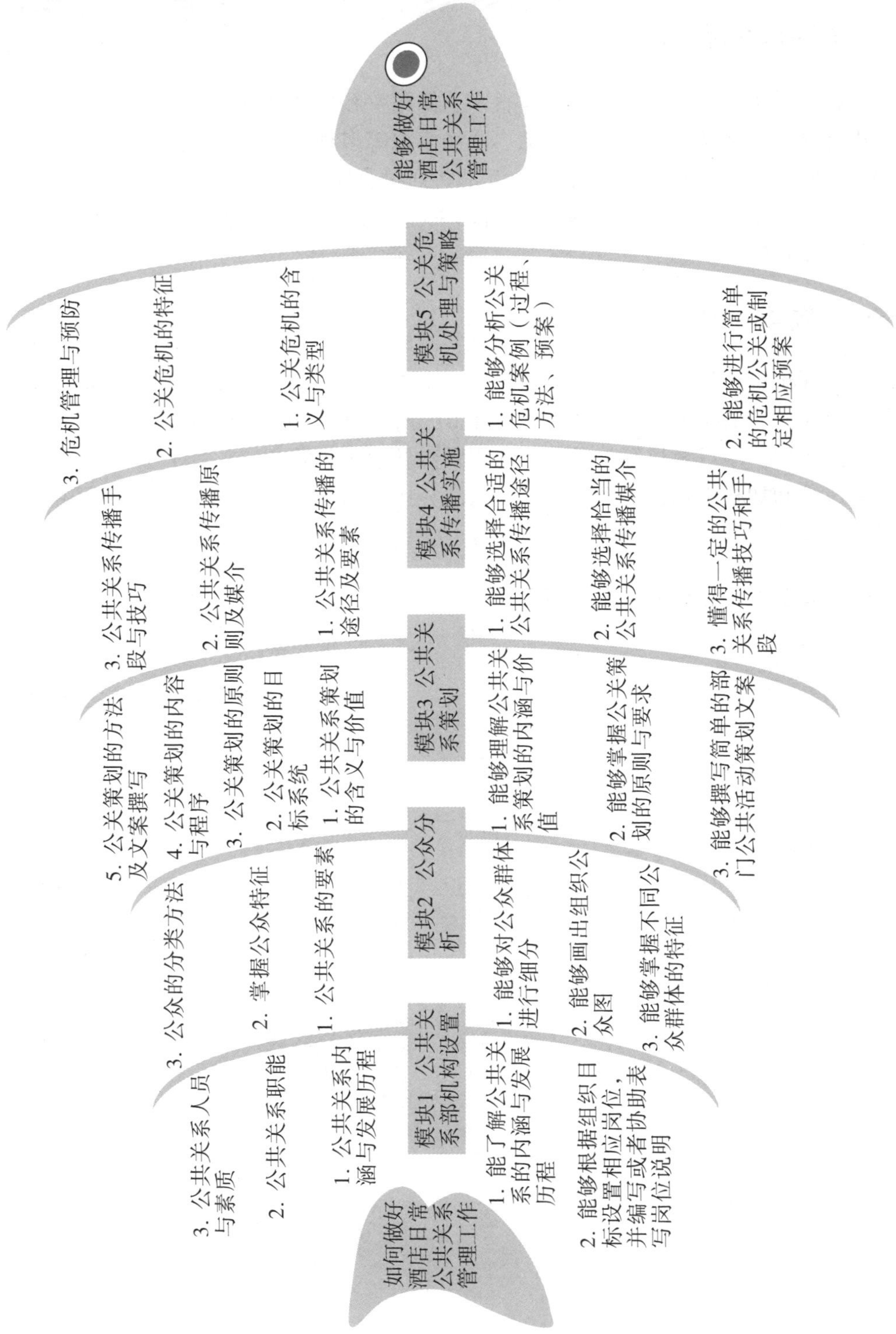

图2-3 公关实务课程结构鱼骨图

康乐服务课程标准

一、课程名称

康乐服务。

二、适用专业及面向岗位

本课程既适用于酒店管理专业，又适用于旅游管理专业。主要面向酒店餐饮部的领班、主管、经理等岗位。

三、课程性质

本课程是现代学徒制酒店管理专业的一门企业必修专业技术技能课程。通过对本课程的学习，学生能了解康乐设施的特点、性能和运动的要求、规则和场地设施设备的作用、保养和管理，同时熟悉、掌握各种康乐项目活动（如游泳、健身、球类等）的服务规范和服务要求，以便尽快适应工作，并向客人提供优质的服务。

四、课程设计

本课程是依据“现代学徒制酒店管理专业职业能力分析表”中的康乐活动工作项目设置的。按照酒店康乐服务工作过程设计，职业技能训练与职业素质养成并重。课程内容的编排和组织是针对酒店康乐岗位的任职要求为依据，以康乐服务为载体，以工作任务为线索来进行，学习工作相结合，给学生提供丰富的实践机会，让学生在“做中学、学中做、做中悟”，突出对学生职业能力的训练。

五、课程教学目标

（一）知识目标

（1）了解康乐经营与管理概况。
（2）了解康乐市场的特征。
（3）掌握娱乐休闲类项目、运动类项目、保健休闲类项目的经营与管理。
（4）熟悉康乐部安全与卫生、康乐部服务质量与康乐部促销管理原理。

（二）能力目标

（1）懂得康乐领域的服务与管理。
（2）懂得康乐安全隐患应急处理。
（3）具备康乐服务的接待能力、沟通能力和协调能力。

（4）懂得康乐部设备、用品的管理与维护。

（三）素养目标

（1）培养良好的服务意识和职业认同感。
（2）具备良好的工作态度和较强的责任心。
（3）具备爱岗敬业、吃苦耐劳的精神。
（4）具备与人和谐相处、团结合作的能力。
（5）具备沟通、协调、组织能力。
（6）具备自我心理调节能力、适应岗位的能力和抗挫折的能力。

六、参考学时与学分

参考学时：54 学时。
参考学分：3 学分。

七、课程结构（见表 2－6）

表 2－6　康乐服务课程结构

序号	学习任务（单元、模块）	职业能力	知识、技能、态度要求	教学活动设计	学时
1	迎宾接待	01－03、15、40－04、70－01、70－08	1. 能使用正确的迎宾用语/肢体语言； 2. 掌握与客人交流技巧（中英文）； 3. 掌握沟通协调的程序； 4. 具有清晰的语言口头表达能力和较强的逻辑性	1. 讲解示范； 2. 提出具体的工作要求； 3. 学生模拟迎宾接待服务； 4. 总结并提出问题	6

续上表

序号	学习任务（单元、模块）	职业能力	知识、技能、态度要求	教学活动设计	学时
2	前台服务	02、04、05、70－07	1. 能操作办公自动化及各种办公设备； 2. 熟悉各种服务项目的收费价格，熟知前台接待、收银操作程序； 3. 通晓商务中心工作程序和设施设备的操作，能熟练地操作电脑； 4. 熟悉前台的销售内容与销售程序； 5. 通晓预订工作程序，能准确地操作酒店管理系统	1. 讲解示范； 2. 提出具体的工作要求； 3. 学生模拟迎宾接待服务； 4. 总结并提出问题	8
3	档案归整	08－03、15、40－03	1. 懂得客史档案整理的知识与技能； 2. 具备发现客人细节的能力	1. 讲解知识与技能； 2. 提出具体的工作要求； 3. 学生做练习； 4. 总结并提出问题	4
4	学习提升	09－01、70－04	1. 具有强烈的上进心； 2. 能主动通过各种渠道进行学习提升自己； 3. 具有良好的学习习惯和方法； 4. 具有终生学习的意识； 5. 能主动创造自主学习的环境，寻找相关资料进行学习	1. 讲解持续学习的重要性； 2. 提出问题与学生互动； 3. 布置作业：心得体会	4

续上表

序号	学习任务（单元、模块）	职业能力	知识、技能、态度要求	教学活动设计	学时
5	投诉处理	03、 15、 40－03	1. 掌握顾客投诉处理程序及处理技巧； 2. 掌握酒店不同类型突发事件的处理程序及技巧； 3. 懂得宾客投诉处理程序与技巧； 4. 能够和酒店各部门协调配合处理各类投诉	1. 讲解示范； 2. 提出具体的工作要求； 3. 学生模拟迎宾接待服务； 4. 总结并提出问题	8
6	建言献策	09－03、 13－02、 40－04、 70－03	1. 熟悉客人需求与销售市场状况； 2. 了解市场及客人的需要并及时向上司提供有建设性的意见； 3. 能激励员工提出创新的建议	1. 讲解主人翁意思，树立责任意思的重要性； 2. 提出问题与学生互动； 3. 布置作业：对当前教学有什么好的建议	4
7	安全意识	70－06、 70－09	1. 具备基本的应急处理能力； 2. 具有预见性，善于发现问题； 3. 具备急救、自救常识； 4. 掌握消防设备的使用方法； 5. 熟知酒店的应急疏散通道	1. 讲解示范； 2. 提出具体的工作要求； 3. 学生模拟演练； 4. 总结并提出问题	8

续上表

序号	学习任务（单元、模块）	职业能力	知识、技能、态度要求	教学活动设计	学时
8	团队协作	70－05	1. 能够共同开展并完成团队任务； 2. 能充分发挥员工的优势，加强补位意识，知人善用； 3. 具备尊重与服务的态度，支持并配合他人开展工作； 4. 具有奉献精神和集体荣誉感	1. 讲解示范； 2. 提出具体的工作要求； 3. 学生模拟服务； 4. 总结并提出问题	8
9	期末考核		闭卷考试＋实践考核		4
合　计					54

注：“职业能力”栏目下的职业能力编码与本书“附录1. 现代学徒制酒店管理专业职业能力分析表”中的编码对应。

八、资源开发与利用

（一）教材编写与使用

建议与酒店合作编写校企合作教材，结合康乐岗位的实际工作项目、工作任务及职业能力要求编写合适的教材及实训指导书，制定符合能力目标的教学模块，有针对性地培养学生康乐服务的工作能力。

（二）数字化资源开发与利用

建设康乐服务网络课程教学平台，充分利用现代化教学手段，实现线上线下、课上课下一体化教学。

（三）企业岗位培养资源的开发与利用

立足人才全方位能力的培养，充分利用酒店的康乐设施，有计划地让学生轮换担任若干种不同工作，从而达到培养学生的适应性和开发学生多种能力的训练。

九、教学建议

本课程要求打破纯粹讲述理论知识的教学方式，实施项目教学以改变学与教的行为。每个项目的学习都按以康乐服务的工作任务为载体设计的活动来进行，以工作任务为中心整合理论与实践，实现理论与实践的一体化教学。教学效果评价采取过程评价与结果评价相结合的方式，通过理论与实践相结合，重点评价学生的职业能力。

十、课程实施条件

本课程提倡“理实一体化”的教学环境，使用多媒体教室及游泳池、健身房及球场等场所训练环境，以利于教师通过播放视频、影像等增加教学的直观性，现场进行项目化教学实操训练，提高学生的职业技能。

建立“双导师”课程团队，企业导师为大专以上学历、有3年以上的康乐服务经验的骨干人员。专业导师为有拥有扎实的酒店专业理论功底，具备一定酒店康乐服务实践经历的专业教师，满足现代学徒的成长需要。

十一、教学评价

考核形式：平时考核（50%）+综合实训考核（25%）+理论考核（25%），考核内容及标准见表2－7。

表2－7　教学考核内容及标准

序号	考核形式	考核内容		权重/%
1	平时考核	出勤情况	无故旷课超过3次，该项分数为零，迟到或早退作适当扣分	10
		课堂表现情况	考查学生在课堂上能否主动与教师进行互动，而且能与小组成员进行有效沟通与密切配合，完成教师布置的任务	15
		作业	完成教师布置的各项作业，关注作业数量和质量	25
2	综合实训考核	小组完成：组长给各组成员打分，教师给各组完成成果打分，取两组得分平均分即为最终得分		25
3	期末考试	笔试（闭卷）：各单元的知识点		25
总　计				100

附：康乐服务课程结构鱼骨图（见图2－4）。

（撰稿人：李建国、陈云飞、毛芳）

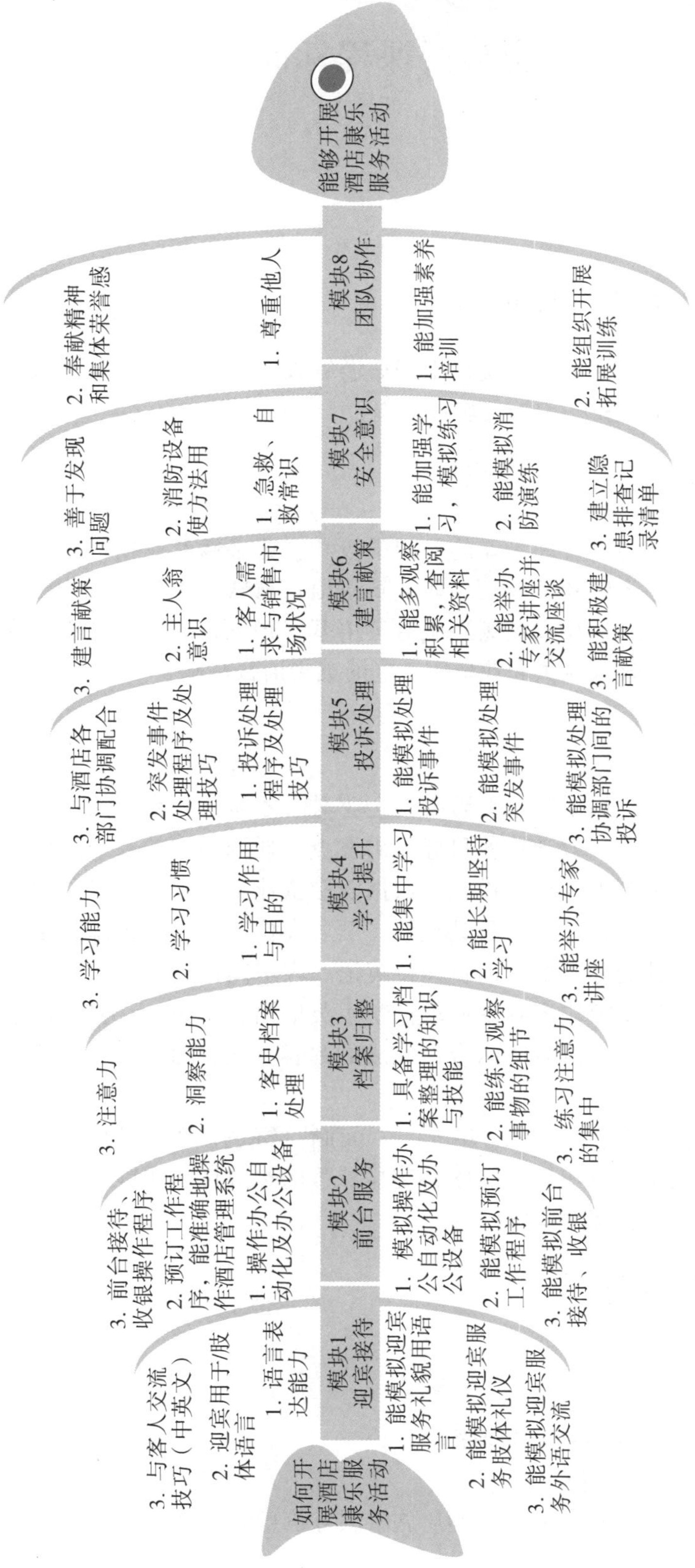

图2-4　康乐服务课程结构鱼骨图

酒店英语课程标准

一、课程名称

酒店英语。

二、适用专业及面向岗位

本课程既适用于酒店管理专业，又适用于旅游管理专业。主要面向酒店前厅部、餐饮部、客房部等各部门的领班、主管、经理等岗位。

三、课程性质

本课程是现代学徒制酒店管理专业的一门学校和企业必修专业技术技能课程。通过本课程的学习，学生能够了解和掌握酒店职业英语语言材料、人际交往英语、酒店一线岗位（前台、客房、餐饮、康乐和商场）服务英语基本知识，能使用酒店英语口语进行岗位服务，为从事酒店管理及相关职业奠定良好的英语语言基础。

四、课程设计

课程总体设计的思路：根据广东省酒店类企业对人才需求和高职教育对人才培养目标的定位，以酒店管理专业的教学培养目标为出发点，强调学生的未来的可持续发展能力。本课程基于现代学徒制人才培养模式，依据酒店企业工作岗位要求、学生的认知规律确定 8 个模块的教学内容，即酒店公共英语，酒店岗位、部门及设施英语，酒店旅游服务信息英语，酒店公共交际英语，前台岗位英语，客房岗位英语，餐饮岗位英语以及康乐与商场岗位英语。每个模块内容既要教授学生英语语言知识，又要培养学生运用英语完成酒店服务岗位的技能；既有团队合作完成的内容，又有独立完成的任务，从而培养学生的职业能力。

教学模式上，现代学徒制具有人才培养“双元制”特色，能与酒店合作进行基于工作过程开发与设计，实施任务驱动型教学，突显课程的开放性、实践性要求，理论知识以适度够用为原则，重点在实践操作。

五、课程教学目标

（一）知识目标

（1）了解英语音素、音节和音标等相关知识。

（2）掌握酒店公共英语词汇。

（3）掌握酒店岗位、部门设施以及酒店旅游服务信息的英语词汇、短语。

（4）掌握酒店英语100句以及酒店公共交际英语知识。
（5）掌握酒店一线岗位（前台、客房、餐饮、康乐和商场）英语语言知识。

（二）能力目标

（1）能够使用英语音素、音节和音标等相关知识拼读新单词和句子。
（2）能够使用酒店公共英语词汇进行相关工作描述。
（3）能够使用酒店英语100句完成最基本的酒店对客服务。
（4）能够使用酒店公关交际英语完成“打招呼、送行、委婉拒绝客人要求、回应客人需求、提供帮助、道歉、同情、介绍和寒暄”等人际交往任务。
（5）能够使用酒店岗位英语完成前台、客房、餐饮、康乐和商场等工作任务。

（三）素养目标

（1）具有良好的英语语言表达和沟通能力。
（2）具有良好的职业认同感。
（3）养成良好的服务意识，具有吃苦耐劳的职业精神。

六、参考学时与学分

参考学时：72学时。
参考学分：4学分。

七、课程结构（见表2－8）

表2－8　酒店英语课程结构

序号	学习任务（单元、模块）	职业能力	知识、技能、态度要求	教学活动设计	学时
1	酒店公共英语	70－10－01、70－10－04	1. 掌握酒店公共英语词汇； 2. 能熟练且准确地使用英文口语表达时间、四季及天气、重大节日、人体部位、家庭成员、方向指示以及物体； 3. 具有认真、积极、团队合作等精神和热情待客服务职业素养	听力训练； 口语训练； 典型案例教学； PPT展示； 课堂讨论	4

续上表

序号	学习任务（单元、模块）	职业能力	知识、技能、态度要求	教学活动设计	学时
2	酒店岗位、部门及设施英语	07－02－02、24－04－07、51－02－04、52－04－09、57－01－04	1. 掌握酒店岗位、部门及设施的单词、短语和惯用句式； 2. 能熟练且准确地使用英文口语表达酒店岗位与职位、酒店部门、酒店设施设备； 3. 具有认真、积极、团队合作等精神和热情待客服务职业素养	听力训练； 口语训练； 典型案例教学； PPT 展示； 课堂讨论	5
3	酒店旅游服务信息英语	02－01－02、07－02－03、07－03－05、70－10－01、70－10－02、70－10－04	1. 掌握酒店周边地区旅游与票务、热点景区、饭店等服务信息； 2. 能熟练且准确地使用英文口语表达酒店周边地区旅游服务信息； 3. 具有认真、积极、团队合作等精神，热情待客服务职业素养	听力训练； 口语训练； 典型案例教学； PPT 展示； 课堂讨论	4
4－1	世界各国（地区）名称及拼写	04－01－02 07－01－09 23－02－05 24－02－01 40－02－01	1. 掌握亚洲、澳洲、欧洲、美洲、非洲等主要英语客源国的英文名称及拼写； 2. 能熟练且准确使用英文口语表达亚洲、澳洲、欧洲、美洲、非洲等主要英语客源国的名称； 3. 具有认真、积极、团队合作等精神，热情待客服务职业素养	听力训练； 口语训练； 典型案例教学； PPT 展示； 课堂讨论	4

续上表

序号	学习任务（单元、模块）	职业能力	知识、技能、态度要求	教学活动设计	学时
4－2	酒店英语100句	70－10－01、70－10－02、40－04－03、40－04－02、25－03－06、24－04－03	1. 掌握酒店英语100句； 2. 能使用酒店英语100句完成基本对客交流； 3. 具有认真、积极、团队合作等精神，热情待客服务职业素养	听力训练； 口语训练； 典型案例教学； PPT展示； 课堂讨论	5
4－3	酒店公共交际英语	07－03－05、08－04－04、15－01－07、15－02－03	1. 掌握酒店公共交际中：打招呼及送行、介绍与寒暄、委婉地拒绝客人的请求、回应客人的要求、提供帮助、致歉、同情和问候的英语语言材料； 2. 能使用规范的酒店公共交际英语有效地完成打招呼及送行、介绍与寒暄、委婉地拒绝客人的请求、回应客人的要求、提供帮助、致歉、同情和问候等英语语言交际任务； 3. 具有认真、积极、团队合作等精神和热情待客服务职业素养	听力训练； 口语训练； 典型案例教学； PPT展示； 课堂讨论	14
5	前台岗位英语	01－01－01、04－01－03、04－01－05、04－02－01、04－03－01、04－04－01、04－04－02、07－01、70－10	1. 掌握前台服务英语相关词汇、短语和句型； 2. 熟练使用英语完成客房预订、接待、礼宾服务、总机服务、宾客中心服务、收银服务； 3. 具有认真、积极、团队合作等精神和热情待客服务职业素养	听力训练； 口语训练； 典型案例教学； PPT展示； 项目训练	8

续上表

序号	学习任务（单元、模块）	职业能力	知识、技能、态度要求	教学活动设计	学时
6	客房岗位英语	15－01－07、16－01－01、18－01－02、18－01－05、23－02－01、23－02－08、70－10－01、70－10－02、70－10－03	1. 掌握客房岗位英语相关词汇、短语和句型； 2. 能使用英文完成客房服务工作，包括：为客人开房、介绍客房内的基本设施和用品、清理房间；简单的客房服务、洗衣服务； 3. 具有认真、积极、团队合作等精神和热情待客服务职业素养	听力训练； 口语训练； 典型案例教学； PPT 展示； 项目训练	7
7－1	中餐岗位英语	24－04－01、24－04－02、24－04－03、24－04－07、25－03－06、35－01－03、35－01－05、35－03－03、35－03－05、35－03－08、35－03－11、37－02－02、40－04－02、40－04－03、40－04－09、70－10－01、70－10－02、70－10－03	1. 掌握中餐岗位英语相关词汇、短语和句型； 2. 能使用英文完成中餐服务工作，包括：预订餐位、迎客服务、写单和推荐、中餐酒水服务、中餐席间服务（上菜、解决问题、准备账单、送客等）； 3. 具有认真、积极、团队合作等精神和热情待客服务职业素养	听力训练； 口语训练； 典型案例教学； PPT 展示； 项目训练	8

续上表

序号	学习任务（单元、模块）	职业能力	知识、技能、态度要求	教学活动设计	学时
7－2	西餐岗位英语	24－04－01、24－04－02、24－04－03、24－04－07、25－03－06、35－01－03、35－01－05、35－03－03、35－03－05、35－03－08、35－03－11、37－02－02、40－04－02、40－04－03、40－04－09、70－10－01、70－10－02、70－10－03	1. 掌握西餐岗位英语相关的词汇、短语和句型； 2. 能够使用英文完成西餐服务工作，包括：预订餐位、迎客服务，写单和推荐、西餐酒水服务、西餐席间服务（上菜、解决问题、准备账单送客等）； 3. 具有认真、积极、团队合作等精神，热情待客服务等职业素养	听力训练； 口语训练； 典型案例教学； PPT 展示； 项目训练	8
8	康乐与商场岗位英语	52－04－09、70－10－01、70－10－02、70－10－03	1. 掌握康乐与商场服务英语相关词汇、短语和句型； 2. 能使用英文完成康乐商场服务工作，包括：健身俱乐部服务、桑拿按摩服务、美发服务、美容服务、商场服务、介绍常见康乐设施/美容用品的名称； 3. 具有认真、积极、团队合作等精神和热情待客服务等职业素养	听力训练； 口语训练； 典型案例教学； PPT 展示； 项目训练	5
合　计					72

注："职业能力"栏目下的职业能力编码与本书"附录 1．现代学徒制酒店管理专业职业能力分析表"中的编码对应。

八、资源开发与利用

（一）教材编写与使用

（1）应依据本课程标准编写和选用教材。

（2）教材应充分体现基于工作岗位要求、工作过程导向的课程设计理念，将本课程的内容分解成八个模块，按完成岗位工作的要求和内容组织教材内容。

（3）教材内容应该突出实用性和实践性，重视酒店企业的标准和要求并及时纳入教材，使教材更贴近酒店发展的实际需要，符合现代酒店服务的发展趋势。

（4）教材中活动设计的内容必须突出主题，具有可操作性。注重扩大学生的参与面和提高学生参加活动的兴趣。

（二）数字化资源开发与利用

按照本课程的设计思路，运用现代信息技术开发微课、视听光盘等数字化资源，搭建多元、动态的课程训练平台，充分调动学生的主动性和创造性。可建立以现代学徒制为基础的酒店英语精品资源共享课程或教学资源库等，包括课程标准、教学资源、教学互动、教学评价等内容。

（三）企业岗位培养资源的开发与利用

充分利用合作酒店企业的资源优势，收集并整理酒店各岗位的工作任务，将酒店各部门日常工作所需要的英语语言材料引入到课堂中来，让学生在模拟工作任务中进行训练。

九、教学建议

（1）针对学生实际职业能力的培养来进行教学，积极采用实践教学法开展教学，注意为后续生产性实习的教学提供一个较好的过渡。

（2）课堂教学必须贯彻“精讲多练、讲练结合”的原则，突出学生能力的培养。

（3）教学中以学生为主体，在教学过程中注重职业情境的创设，引导学生主动参与完成任务，从自己实践过程中找出问题，培养学生解决和处理实际问题的综合职业能力。

十、课程实施条件

本课程可在多媒体语音实训室、酒店实训中心进行，也可以通过智能手机安装相关课程教学软件 APP 在线完成教学。根据真实的服务情境创设一个融视、听、说于一体的语言环境，营造职场氛围，帮助学生在“实训”中得到锻炼和提高。同时，实施在岗实践，让学生在一个真实的工作环境中进入角色，正确输出语言，真正提高酒店英语应用能力和职业技能。

课程需要建立“双导师”课程团队，既要有丰富的英语专业知识、教学经验，具有一定酒店企业实践经历的专业教师，又要拥有较为丰富的酒店行业工作经验的企业骨干人员，了解酒店人才需求，善于指导学生实践，以加强理论知识与岗位技能的教学，满足现代学徒师资要求。

十一、教学评价

课程总成绩 = 平时成绩（60%）+期末考试成绩（40%）

1．**过程性评价**（60%）

过程性考核由学生平时成绩和能力训练成绩组成。平时成绩主要考核学生基本学习素养，包括出勤、课堂纪律和学习态度、作业完成情况、在岗工作表现等。能力训练由项目训练和口语考试构成，主要考核学生自我展示能力、文字撰写能力和英语语言表达能力，以及能力训练项目的完成情况。见表2－9。

表2－9 过程性评价考核项目及标准

序号	考核项目	优秀	良好	及格	不及格
1	出勤	出勤率90%以上	出勤率80%～90%	出勤率60%～70%	出勤率60%以下
2	课堂纪律及学习态度	课堂积极回应、热情讨论、敢于表达自己的观点，注意力高度集中	能回应，能参与讨论并能表达自己的观点，课堂注意力较集中	能在老师的要求先回应，或参与讨论，上课注意力时而不集中	不回应课堂活动，不参与课堂讨论，上课注意力不集中
3	作业完成情况	完成率90%以上且作业质量高	完成率75%～89%且作业质量较高	完成率60%～74%且作业质量良好	完成率50%以下且作业质量差
4	项目训练	项目完成率90%以上，团队合作效果好，自我展示仪态自然，文字撰写能力强，英语语言表达能力好，充分体现了优秀的酒店管理职业素养	项目完成率75%～89%，团队合作效果较好，自我展示仪态较自然，文字撰写能力强，英语语言表达能力好，体现了较好的酒店管理职业素养	项目完成率60%～74%以上，团队合作效果一般，基本能进行自我展示仪态较自然，具有基本文字撰写能力，英语语言表达能力一般，基本能体现酒店管理职业素养	项目完成率60%以下，团队合作效果差，自我展示仪态较不自然，文字撰写能力弱，英语语言表达能力差，没有体现酒店管理职业素养

2．**终结性评价**（40%）

终结性考核主要考核学生关于酒店公关英语、酒店设施设备、酒店旅游服务信息、酒店公关交际英语、前台、客房、餐饮、康乐和商场等工作岗位英语理论知识，以及学生的英语语言运用能力。该考核以期末闭卷考试为主，将本学期的教学内容尤其是理论教学的知识以试卷（闭卷）的形式对学生进行考核，试卷的题型包括：填空、选择（单项选择与多项选择）、配对、简答、翻译（中译英或英译中）以及英文写作。

附：酒店英语课程结构鱼骨图（见图2－5）。

（撰稿人：腾晓蓉、詹广辰、朱石群）

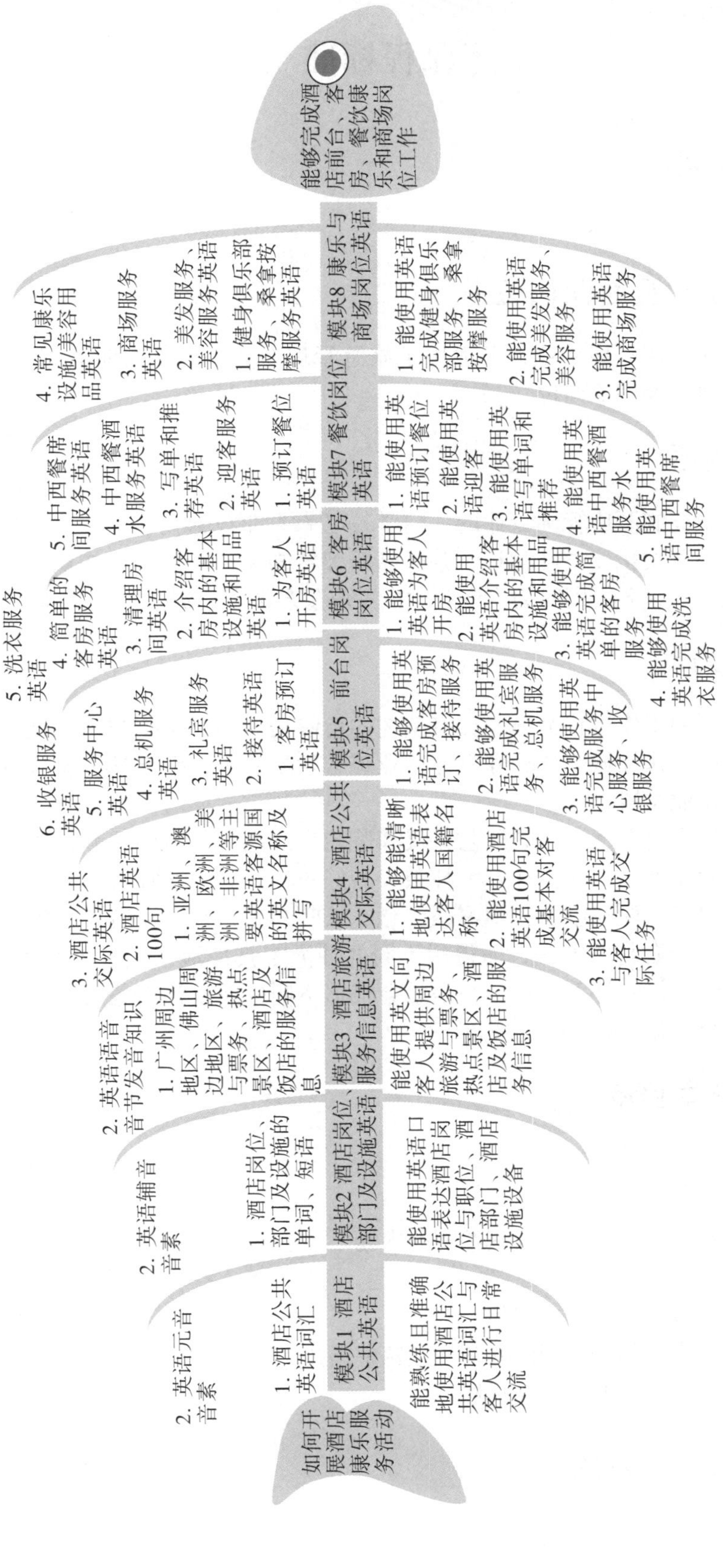

图2-5 酒店英语课程结构鱼骨图

茶艺课程标准

一、课程名称

茶艺。

二、适用专业及面向岗位

本课程既适用于酒店管理专业，又适用于旅游管理专业。主要面向酒店的餐饮部、客房部的领班、主管、经理等岗位。

三、课程性质

本课程是现代学徒制酒店管理专业的一门学校必修专业技术技能课程。通过本课程的学习，学生能掌握茶文化、茶叶常识、茶叶品质评鉴知识、茶艺服务知识、茶艺冲泡及表演技能，拓展专业素养，同时为本专业学生考取茶艺师职业资格打下基础。

四、课程设计

本课程以茶艺师的工作过程为导向，将茶艺的传统与时尚、实用与内涵结合，形成新的工作任务和新的工作领域。从培养良好职业综合素质着眼，引导学生向从事茶艺方向相关行业的自主创业发展。

教学内容与主旨主要围绕学生的茶艺礼仪和茶艺表演操作气质的培养，让学生养成良好的职业道德和职业素质，学会冲好一杯茶、品好一杯茶。教学宜采用分组小班教学以保证教学效果。内容选取与组织：学习茶文化、茶叶知识、茶叶品质评鉴等理论，在此基础上学习基础的四套行茶方法，懂得用不同的冲泡工具冲泡六大茶类，实行“教、学、做”一体化教学；设定评茶项目，一是学会根据不同的茶设计出茶席并学会选用合适的茶具，二是学会评鉴常见茶叶的质量。

五、课程教学目标

（一）知识目标

（1）了解中国茶文化发展演变及其精神的内涵。
（2）了解茶叶基础知识。
（3）了解中国少数民族不同的茶俗。
（4）通过对有代表性的茶诗词的鉴赏，了解中国茶文化的美学意境。
（5）熟悉茶叶质量评鉴的方法与指标。
（6）熟悉茶具知识。
（7）掌握茶席设计的基础知识。

（二）能力目标

（1）学会茶艺礼仪和茶艺艺术美。
（2）能根据各类茶叶选配品茗茶具。
（3）会演示多种茶品的冲泡、调制。
（4）会进行简单的茶艺表演。
（5）能对常见茶叶进行品质评析和鉴别。
（6）懂得简单的茶席设计。

（三）素养目标

（1）具备自然、得体、高雅的外形形象。
（2）具备平和、谦恭的处事心态。
（3）具备爱岗敬业、热情主动的工作态度。
（4）具有职业敏感性，具有良好的接人待物、察言观色等职业素质。
（5）懂得运用茶艺礼仪，具有良好的服务礼仪礼貌、较好的服务意识。

六、参考学时与学分

参考学时：36 学时。
参考学分：2 学分。

七、课程结构（见表 2－10）

表 2－10　茶艺课程结构

序号	学习任务（单元、模块）	职业能力	知识、技能、态度要求	教学活动设计	学时
1	茶文化基础	70－04、70－11	1. 掌握中国的茶文化精髓，并用于茶艺演示； 2. 知道中外饮茶的风俗习惯	提问—导入新课； 讲授	4
2	认识茶叶和茶叶鉴评	37－02	1. 茶树基础知识； 2. 茶叶种类； 3. 中国名茶与产茶区； 4. 茶叶品质鉴别与保管； 5. 国内市场商品茶现行标； 6. 掌握评茶的主要指标	提问—导入新课； 讲授； 一体化教学：品评各类茶叶； 总结归纳	8

续上表

序号	学习任务（单元、模块）	职业能力	知识、技能、态度要求	教学活动设计	学时
3	茶艺礼仪与接待	01－03	1. 熟练掌握茶艺表演的着装、化妆要求；站姿、坐姿、变动姿态； 2. 熟练掌握茶艺接待服务的礼仪环节	讲授； 示范—学生练习—总结	2
4	茶艺演示	37－02－01	1. 六大茶类茶叶特性； 2. 懂得冲泡三要素； 3. 水温、火候的知识； 4. 掌握四套行茶法	讲授； 示范—学生练习—总结； 复习	16
5	茶席设计	37－01－04	1. 懂得茶具的质材特点； 2. 茶席设计的原则	讲授； 分组布置项目任务； 学生展示成果； 归纳总结	6
合　计					36

注：“职业能力”栏目下的职业能力编码与本书“附录1. 现代学徒制酒店管理专业职业能力分析表”中的编码对应。

八、资源开发与利用

（一）教材编写与使用

（1）应依据本课程标准编写和选用教材。

（2）教材应充分体现能力引领、以工作过程为导向的课程设计理念。

（3）教材应以典型的岗位工作任务为驱动，通过基本知识、案例模拟和课后拓展作业等多种手段，采用与工作流程相结合的方式来组织编写。

（二）数字化资源开发与利用

数字资源的开发，是为了更好地学习本课程，因此在开发数字化资源的过程中，必须严格按照本课程设计的思路，开发与教材、教学相匹配的数字化资源。

从形式上看，数字化资源可采用视频、演示文稿、文档、动画等多种形式，这些资源可以采用精品资源共享课和网络课的形式实现共享。

（三）企业岗位培养资源的开发与利用

通过进行企业见习，举办素质拓展活动、文化周活动，在实际工作中、文化活动组织中体会、学习、总结、实践和运用所学知识。

九、教学建议

建议本课程教学可采取项目教学法、实操法、小组合作学习法、教师演示法、讨论法等多种教学方法相结合的形式进行；教学过程突出实践教学；通过教师示范—学生观摩—学生练习的模式，让学生熟悉茶艺操作的各个环节。

十、课程实施条件

理论课授课要求用多媒体教室，采用多媒体教学手段，给学生提供相应的图片、资料以增大课堂的信息量，让学生容易理解与掌握，提高教学效果。实训条件必须要具备约25人的茶桌、各种茶具、茶叶、煮水电源、音乐播放设备等。

授课老师应对茶礼、行茶、茶叶知识、茶文化知识相当熟悉，具备高级以上茶艺师资格，且懂得针对专业特性开展教学。

十一、教学评价

本课程评价包括过程性评价和终结性评价，教学考核内容及标准见表2－11。

表2－11 教学考核内容及标准

评价形式	评价内容		权重/%
过程性评价	出勤情况	无故旷课超过3次，该项分数为零，迟到或早退作适当扣分	10
	学习态度	考查学生在课堂上能否主动与教师进行互动，而且能认真完成行茶项目与评茶项目任务	25
	作业	完成教师布置的评茶作业数量和质量	25
终结性评价	期末考试	行茶考核（实操）	40
合计			100

附：茶艺课程结构鱼骨图（见图2－6）。

（撰稿人：陈瑞萍、周书云、毛芳）

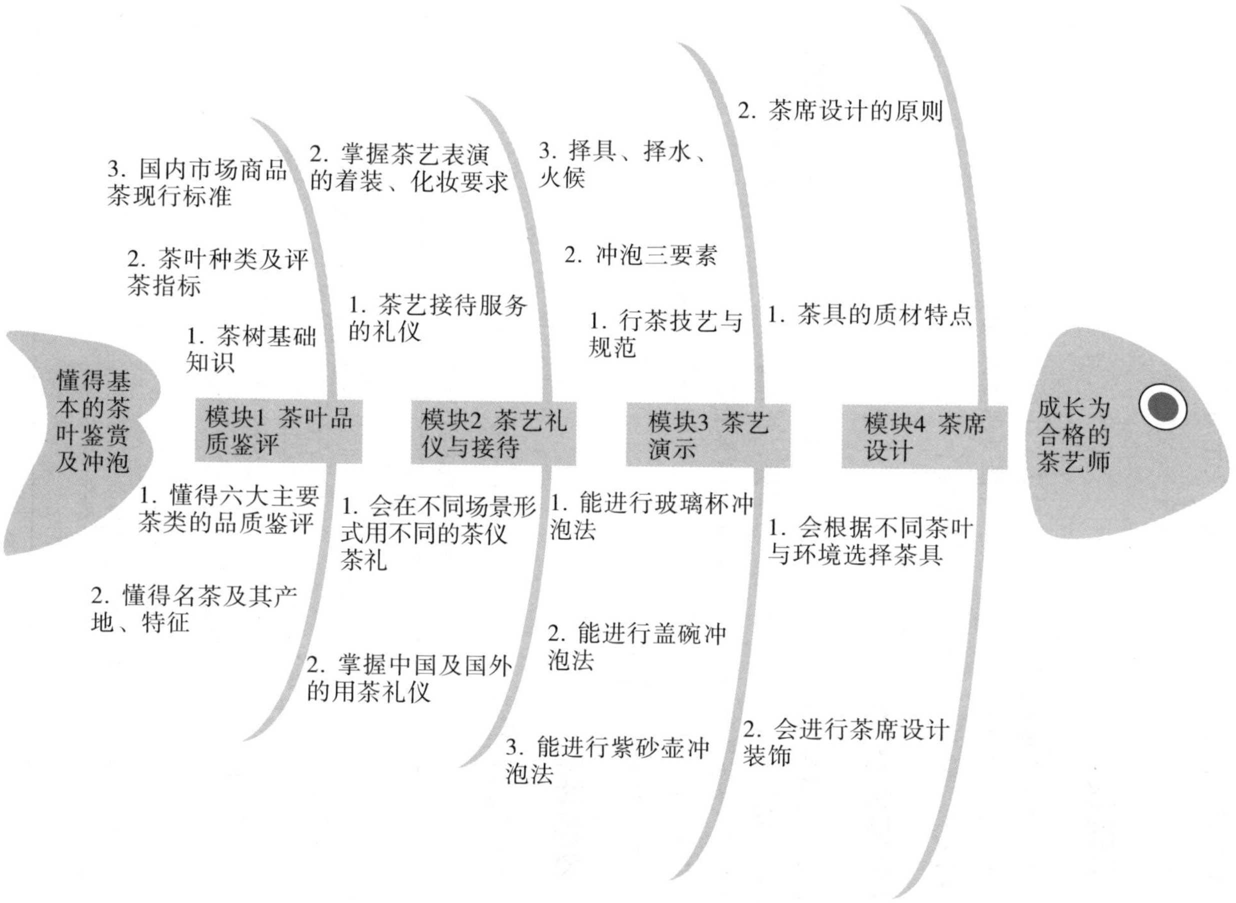

图2-6 茶艺课程结构鱼骨图

调酒与酒吧管理课程标准

一、课程名称

调酒与酒吧管理。

二、适用专业及面向岗位

本课程既适用于酒店管理专业，又适用于烹饪专业。主要面向餐饮部的领班、主管、经理等岗位。

三、课程性质

本课程是现代学徒制酒店管理专业的一门企业必修专业技术技能课程。通过本课程的学习，学生不仅能学到酒水服务与管理的基本知识、工作标准、管理技术，还培养了学生良好的职业态度、职业意识、职业思维和职业精神，逐步形成了管理能力和创新能力，成为高素质技能型酒店服务与管理人才。

四、课程设计

课程是依据“现代学徒制酒店管理专业职业能力分析表”中的酒吧服务与管理工作项目设置的。课程内容的编排和组织是以企业需求、学生的认知规律、多年的教学积累为依据确定的。课程设计立足于实际能力培养，对课程内容的选择标准做了根本性改革，打破以知识传授为主要特征的传统学科课程模式，转变为以工作任务为中心组织课程内容，并让学生在完成具体项目的过程中学会完成相应工作任务，并构建相关理论知识，发展职业能力。

课程教学内容围绕酒店酒吧经营与管理等典型工作任务开展，包括酒水基础知识、调和法调制鸡尾酒、摇和法调制鸡尾酒、兑和法调制鸡尾酒、鸡尾酒装饰物制作、酒吧经营管理6个任务。每个任务中，既包括对学生理论知识的巩固，又有关于调酒技能的训练，同时注重学生创新创业能力的培养，以上工作任务除锻炼学生的职业技能外，还力争培养学生的职业素质。

针对本门课程的特点，课程内容突出对学生职业能力的训练，理论知识的选取紧紧围绕工作任务完成的需要来进行，教学模式上，改变以往的传统课程教学模式，与酒店合作进行基于工作过程开发与设计，实施项目化教学与任务驱动型教学，该课程的内容主要突出开放性、实践性要求，理论知识以适度够用为原则，重点在实践操作。

五、课程教学目标

（一）知识目标

（1）理解饮料的分类。
（2）了解酒的分类、制作原料和生产工艺。
（3）掌握鸡尾酒国际标准规范。

（二）能力目标

（1）能够正确品味不同酒品的风格。
（2）能熟练运用调和法、摇和法和兑和法调制鸡尾酒。
（3）能熟记 15 种鸡尾酒配方，并自创鸡尾酒。
（4）能熟练进行简单水果切雕、鸡尾酒的装饰和简易水果拼盘造型。
（5）能设计酒吧对客服务流程，能较熟练完成开吧前的准备、迎宾、点酒水、巡台、结账、送客等对客服务流程。
（6）能进行酒水的推销技巧和成本控制。

（三）素养目标

（1）养成良好的服务意识和职业认同感。
（2）具有良好的工作态度和较强的责任心。
（3）具有爱岗敬业、吃苦耐劳的精神。
（4）具有与人和谐相处、团结合作的能力。
（5）具有沟通、协调、组织能力。
（6）培养自我心理调节、适应岗位、抗挫折的能力。
（7）具有善于观察、随机应变的能力。

六、参考学时与学分

参考学时：54 学时。
参考学分：3 学分。

七、课程结构（见表2-12）

表2-12 调酒与酒吧管理课程结构

序号	学习任务（单元、模块）	职业能力	知识、技能、态度要求	教学活动设计	学时
1	酒水基础知识	37-01-06、37-02-03、39-02-07、39-02-15	1. 能识别各类发酵酒、蒸馏酒的代表性品名； 2. 知道发酵酒、蒸馏酒保管、服务方法； 3. 通过品尝，能对各类酒的颜色、香味、口感、酒体等进行描述； 4. 掌握各种酒的相关知识； 5. 掌握各类酒的开瓶方法	1. 酒水知识讲解； 2. 各种酒水识别； 3. 酒水服务示范与实训	10
2	调和法调制鸡尾酒	35-03-03、35-03-09、36-02-02、37-01-02、39-02-16、41-01-05	1. 能熟练运用调和法调制鸡尾酒； 2. 能利用现存材料，根据客人要求自创一款鸡尾酒	国际知名的5款调和法调制鸡尾酒的方法与配方讲解与示范	8
3	摇和法调制鸡尾酒	36-02-02、37-01-02、41-01-05	1. 能熟练运用摇和法调制鸡尾酒； 2. 能描述各款鸡尾酒的口味与风格特点	运用摇和法调制2款鸡尾酒讲解与示范	8
4	兑和法调制鸡尾酒	36-02-02、37-01-02、41-01-05	1. 能熟练运用兑和法调制鸡尾酒； 2. 能描述各款鸡尾酒的口味与风格特点	国际知名的3款兑和法调制鸡尾酒的方法与配方讲解与示范	8
5	鸡尾酒装饰物制作	36-02-01、36-02-03、41-01-05	1. 能熟练进行水果切雕； 2. 能较熟练进行简易水果拼盘造型； 3. 能较熟练进行鸡尾酒基本装饰物品的制作	1. 水果切雕的常用工具讲解； 2. 用刀的正确方法示范； 3. 水果拼盘造型的基本原理讲解； 4. 鸡尾酒与装饰物品搭配示范	8

续上表

序号	学习任务（单元、模块）	职业能力	知识、技能、态度要求	教学活动设计	学时
6	酒吧经营管理	35－02－05、35－02－06、35－03－05、36－01、36－03、38－01－04、39－01－04、39－02－09、39－03－08、39－03－11、57－05－02、57－05－05、57－05－07	1. 根据不同酒吧的经营特点灵活采用不同的方法； 2. 能够按照酒水服务要求，制定酒水标准配方、标准成本，规范标准价格	1. 酒水销售管理讲解； 2. 酒水成本控制讲解； 3. 酒水产品成本计算与酒水价格制定的方法讲解	12
合　计					54

注："职业能力"栏目下的职业能力编码与本书"附录1. 现代学徒制酒店管理专业职业能力分析表"中的编码对应。

八、资源开发与利用

（一）教材编写与使用

编写配套教材要根据本课程标准，广泛征求行业、企业的意见，配套教材编写之前要根据各试点企业的不同情况，进行调研、研讨，确定教材内容适合各试点企业，注重课程前后内容的连贯和逻辑性，项目设计要科学、合理，注重任务的可操作性，要求学生学习完课程之后，酒水调制和酒吧管理技能有相应的提高。针对本门课程的特点和高职学生的特点，教材应用以学生为本，内容展现形式多样、图文并茂，文字表述简明扼要，符合高职学生认识水平，提高教材的可读性。

（二）数字化资源开发与利用

可围绕课程任务，开发立体数字化资源，建立《调酒与酒吧管理》教学网站或精品资源共享课网站，内容包括教学大纲、授课教案、电子课件、在线学习、网上答疑、实训大纲、实训项目、学生创业成果、学生实践成果、案例库、主讲教师教学录像、参考文献、学习站点、虚拟实验室、调酒顾问等。

（三）企业岗位培养资源的开发与利用

可通过校企合作酒店西餐厅、咖啡厅、大堂吧等岗位进行实践教学，进一步提升学生的实践能力，在锻炼学生创新创业的同时，推荐学生自创鸡尾酒作品给酒店推广使用，真正实现教学为企业生产服务。

九、教学建议

（1）小组讨论法：教学过程中，充分调动学生学习的积极性与主动性，发挥学生的主观能力性，以引导学生思考、分析，以小组形式进行讨论，培养学生对旅游行业学习的自主学习意识。

（2）实践项目：强调学生在校学习与实际工作的一致性，充分利用校内生产性实训室，采用理实一体化的教学模式，调动学生的学习积极性。

（3）情景模拟：本课程通过技能训练、情境设置、仿真模拟等活动组织教学，采用教、学、练三者结合以练为主的教学方式，将理论要求分解到技能操作训练中，或在操作训练中总结要求，强化操作效果。

十、课程实施条件

本门课程建议安排在校内调酒实训室内进行，校内实训室具备调酒用具、鸡尾酒基酒和辅料等，能保证每个小组有一套调酒用具和鸡尾酒基酒和辅料，安排在具备相应条件的企业进行真实岗位现场教学。

本课程专任教师应具备酒店管理、旅游管理专业研究生及以上学历，并拥有高等职业学校教师资格证书、中级调酒师（或具备中级调酒师水平）以上职业资格证书，提倡专任教师至少具有一年及以上酒吧经营与管理的实践经验。

十一、教学评价

本课程评价包括过程性评价和终结性评价，教学考核内容及标准见表 2－13。

表 2－13　教学考核内容及标准

考核项目		考核方法	评价标准	权重/%
过程性评价	态度纪律	根据考勤情况、作业情况、课堂回答问题、参与积极程度评定得分	完成作业 30% 出勤、学习态度 30% 课堂参与案例讨论分析 40%	25
	项目活动	根据学生实训完成的时间、完成的效果，由学生自评、小组长评价和教师评价相结合的方式评定成绩	综合运用相关教学单元知识很好地完成项目活动 50% 能在规定的时间内完成活动 50%	25
终结性评价	期末考试	期末考试	实践操作（鸡尾酒制作）	50
合　计				100

附：调酒与酒吧管理课程结构鱼骨图（见图 2－7）。

（撰稿人：王炜、孔伟霞、邱淑雯）

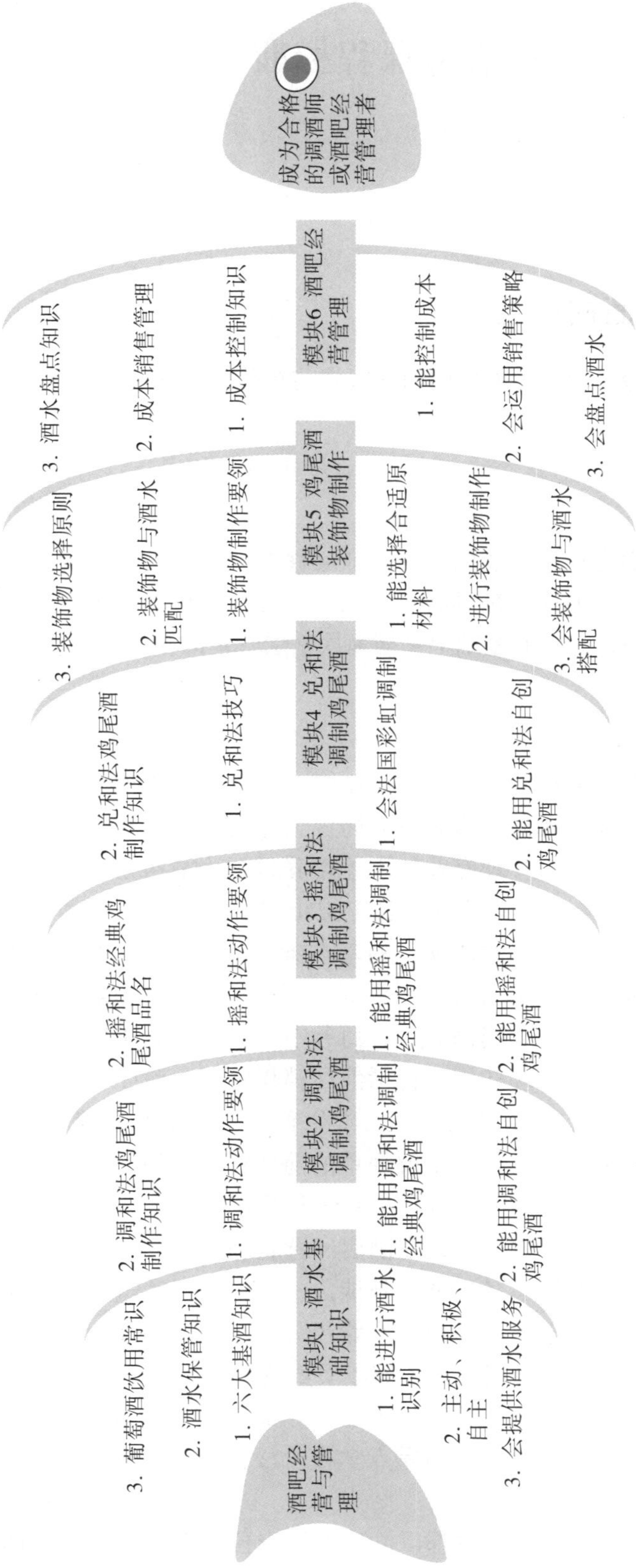

图2-7　调酒与酒吧管理课程结构鱼骨图

前厅服务课程标准

一、课程名称

前厅服务。

二、适用专业及面向岗位

本课程适用于酒店管理专业。主要面向前厅收银与接待、前厅礼宾、前厅商务中心、前厅总机等岗位。

三、课程性质

本课程是现代学徒制酒店管理专业的一门企业必修专业技术技能课程。通过本课程的学习，学生能掌握现代酒店前厅管理的特点、内容及方法，培养学生解决前厅服务过程中所面临各种问题的能力，并在此基础上掌握前厅基层管理的知识和技能。

四、课程设计

本课程是依据“现代学徒制酒店管理专业职业能力分析表”中前厅服务与管理工作项目设置的。在对酒店行业岗位调研、酒店专业岗位工作能力分析和酒店员工职业发展评估的基础上，确定了酒店服务与管理专业的人才培养目标为酒店运营部门的服务人员和基层管理人员。根据这一目标，本课程在设计上提出了“三段式”学习，即将学生的学习阶段分为三个部分，第一部分为酒店前厅的基本概述，包括前厅部的基本概况、前厅部组织机构设置及前厅部服务人员的素质要求等内容；第二部分为前厅服务，包括预订服务、前台接待服务、礼宾服务、问询服务、商务中心服务、总机服务、收银服务等内容；第三部分为酒店前厅基本管理知识，包括前厅销售管理、前厅客务关系管理等内容。“三段式”的学习是一个循序渐进的过程，学生首先学习了酒店前厅的基本知识，接下来掌握了前厅的基本服务技能，最后了解简单的前厅管理知识，这与本专业的人才培养目标相贴合，也为学生实现可持续的职业发展奠定了基础。

酒店前厅部作为酒店的运营部门之一，在酒店经营管理中占据重要的地位，因此酒店前厅服务技能是本专业学生必须具备的核心技能之一，也是后续进行顶岗实习时必须具备的能力，基于对现代学徒制学生的职业发展路径分析，前厅管理不作为本门课程的重点，因此在课程内容上，这一部分仅设计了前厅质量管理相关知识。在“三段式”学习的过程中，应紧紧围绕培养目标，一切从学生的实际情况和行业的需求状况出发，将第二阶段即前厅基本服务技能的学习确定为重点学习阶段，及时更新专业知识，掌握行业讯息，做到学以致用、与时俱进。

本课程主要实施项目教学，每个项目都以酒店前厅岗位的工作任务为载体设计课堂活动，以工作任务为中心整合理论与实践，实现理论与实践的一体化教学。让学生在实际情境中获得理论认知的同时，真正锻炼并提高职业能力。

五、课程教学目标

（一）知识目标

（1）使学生了解前厅部基础知识，掌握前厅部的主要任务、组织机构和岗位设置及各岗位的主要职责。

（2）了解前厅部所销售的主要产品和服务特点；掌握前厅销售的基本策略；熟悉酒店客房价格的构成及类型；了解酒店客房价格执行的原则，合理控制、调整客户销售价格。

（3）掌握前厅部的业务工作流程，了解客房预订、前厅接待、前厅问询、前厅收银、礼宾部、总机与商务中心、大堂副理等班组的工作内容及工作标准。

（4）了解前厅部业务管理内容，掌握前厅日常管理的工作内容及具体的工作方法。

（二）能力目标

（1）掌握前厅客房预订、接待、礼宾、商务、商务楼层等岗位的服务技能。

（2）能正确处理客人的投诉。

（3）能对前厅经营信息进行统计分析和处理。

（4）能对前厅服务质量进行监控。

（三）素养目标

（1）养成良好的服务意识和职业认同感。

（2）具有良好的工作态度和较强的责任心。

（3）培养爱岗敬业、吃苦耐劳的精神。

（4）提高与人和谐相处、团结合作的能力。

（5）提高沟通、协调、组织能力。

（6）培养自我心理调节、适应岗位、抗挫折的能力。

（7）养成善于观察的习惯，提高随机应变的能力。

六、参考学时与学分

参考学时：36 学时。

参考学分：2 学时。

七、课程结构（见表2-14）

表2-14 前厅服务课程结构

序号	学习任务（单元、模块）	职业能力	知识、技能、态度要求	教学活动设计	学时
1	前厅部门介绍	01-03-02、05-03-03、05-03-04、05-03-05、06-01-01、06-01-02、06-03-02、13-01-06	1. 熟悉前厅部布局； 2. 熟悉前厅部服务流程； 3. 了解前厅部的岗位职责	讨论、提问引入教学活动；讲授为什么学习本课程、学什么和怎么学的问题；引入课程基本理论问题	4
2	客房预订	07-01	1. 了解预订的意义； 2. 了解饭店收费方式； 3. 掌握预订业务及特殊情况处理	案例引入；预订种类讲解；预订程序讲解；特殊情况预订案例教学	8
3	礼宾与总台接待服务	01-01、01-02、01-03、04-01、04-02、04-03-02、04-03-03、04-03-04	1. 了解礼宾服务的主要内容； 2. 掌握贵重物品保管的程序； 3. 掌握入住接待程序	案例引入；礼宾服务案例教学；入住接待程序讲解；行李寄存与保管案例教学；“金钥匙”服务案例教学	6
4	饭店产品销售	13-01、13-02	1. 熟悉前厅销售的主要内容； 2. 了解客房服务的基本概念； 3. 掌握客房销售的方法和技巧	饭店产品讲解；饭店产品销售案例教学；饭店产品销售技巧案例教学	4
5	前厅客史档案管理	08-03	掌握客史档案建立和管理的程序	前厅报表制作讲解；酒店客史档案管理教学；前厅营业数据分析教学	4

续上表

序号	学习任务（单元、模块）	职业能力	知识、技能、态度要求	教学活动设计	学时
6	前厅部沟通	03－01、03－02、03－03	1. 掌握宾客沟通的技巧； 2. 掌握宾客投诉的原因	酒店部际沟通讲解；宾客关系管理案例教学；宾客投诉处理技巧案例教学	6
7	前厅系列服务	02、04－04、04－05	1. 掌握客账管理技巧； 2. 掌握外币兑换服务技能； 3. 掌握退房结账的程序	客账管理教学；外币兑换方法教学；退房结账案例教学	4
合　计					36

注：“职业能力”栏目下的职业能力编码与本书“附录1. 现代学徒制酒店管理专业职业能力分析表”中的编码对应。

八、资源开发与利用

（一）教材编写与使用

编写配套教材要根据本课程标准，征求行业、企业的意见，进行广泛研讨，教材应充分体现任务引领实践导向的课程设计思想，以工作任务为主线设计教材结构；教材在内容上应简洁实用，还应把酒店前厅服务中的新知识、新技术、新方法融入教材，顺应岗位需要；教材应以学生为本，文字通俗，表达简练，内容展现应图文并茂，图例与案例应引起学生的兴趣，重在提高学生学习的主动性和积极性，教材中注重实践内容的可操作性，强调在操作中理解与应用理论。

（二）数字化资源开发与利用

可围绕课程结构中各学习任务内容，开发立体数字化资源，建立前厅服务与管理教学网站，内容包括教学大纲、授课教案、电子课件、在线学习、网上答疑、实训大纲、实训项目、学生创业成果、学生实践成果、案例库、主讲教师教学录像、参考文献、学习站点、虚拟实验室等。

（三）企业岗位培养资源的开发与利用

搭建校企合作平台，充分利用酒店前厅部的业务骨干以及前厅工作岗位展开教学，满足学生实习、实训的需要，并在实际工作岗位中关注学生职业能力的发展和教学内容的适时调整。

九、教学建议

（1）案例教学：通过组织前厅部的真实案例学习和分析，提高学生对前厅服务问题的理解能力、分析能力，并培养学生解决问题的能力。

（2）讨论式与小组游戏教学：针对前厅服务过程中需解决问题或颇有争议的问题，安排小组讨论，并进行陈述，大家再一起讨论、分析和评价，这样可使每个学生都有兴趣积极参与，活跃课堂气氛，培养了自学的能力。同时，注重通过小组游戏和集体作业设计以培养学生团队意识。

（3）启发式教学：充分地发挥讲授法集中传授系统知识、重点突出等优点，同时融入启发、提问等多种方法及多媒体教学手段的应用，使讲授法更充实、有效。

十、课程实施条件

前厅实训室一间，学生人手一台电脑，有互联网，有酒店管理软件，有前厅实训（客房预订实训、入住接待实训、前厅入住系列服务实训，前厅质量管控实训）或者企业具备相应条件的培训室。

本课程专任教师应具备酒店管理、旅游管理专业或相关专业研究生及以上学历，并拥有高等职业学校教师资格证书，提倡专任教师至少具有一年及以上酒店前厅的实践经验，本门课程也可以实施“双导师”模式教学。

十一、教学评价

本课程评价包括过程性评价和终结性评价，教学考核内容及标准见表 2－15。

表 2－15　教学考核内容及标准

评价形式		评价内容		权重/%
过程性评价	过程评价	出勤情况	无故旷课超过 3 次，该项分数为零，迟到或早退作适当扣分	10
		学习态度	考查学生在课堂上能否主动与教师进行互动，而且能与小组成员进行有效沟通与密切配合，完成教师布置的任务	10
		作业	完成教师布置的各项作业，关注作业数量和质量	10
终结性评价	期末考试	实践考核	岗位技能水平考核	70
合　计				100

附：前厅服务课程结构鱼骨图（见图 2－8）。

（撰稿人：王炜、张兆添、岳宏伟）

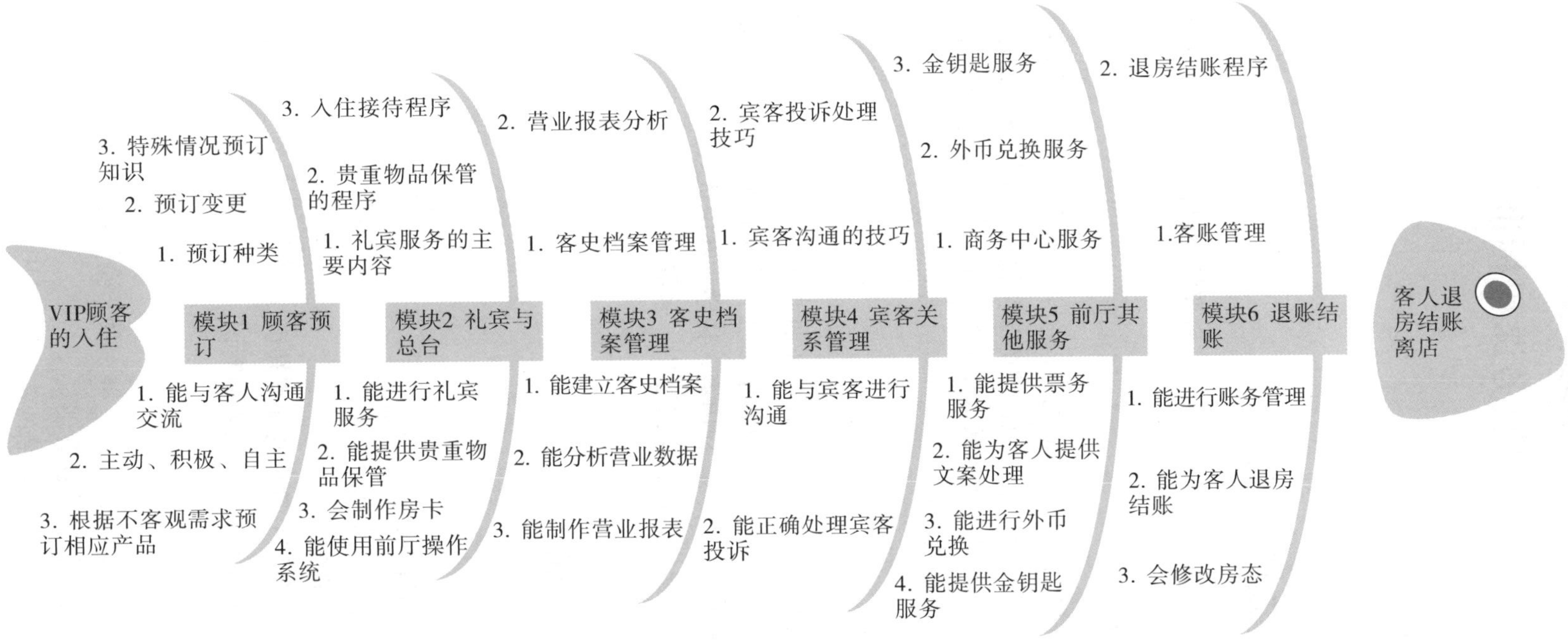

图2-8 前厅服务课程结构鱼骨图

客房服务课程标准

一、课程名称

客房服务。

二、适用专业及面向岗位

本课程适用于酒店管理专业。主要面向客房部的楼层领班、主管及经理等岗位。

三、课程性质

本课程是现代学徒制酒店管理专业的一门企业必修专业技术技能课程。本课程的主要任务是讲授酒店客房服务的基础知识，训练学生酒店客房服务的操作技能。其目的是让学生了解和掌握客房服务与管理的基本知识与技能，培养学生的职业能力，为将来从事酒店客房服务与管理职业奠定基础。

四、课程设计

本课程是依据“现代学徒制酒店管理专业职业能力分析表”中的客房服务与管理工作项目设置的。课程内容的编排和组织紧紧围绕客房岗位的需要来进行，以客房服务项目为导向，以工作任务为中心组织课程内容，让学生在完成客房对客服务的过程中完成相应工作任务，提高职业能力。在教学过程中，采取“教、学、做”一体化教学，培养学生的客房服务与管理能力。

五、课程教学目标

（一）知识目标

（1）了解客房服务与管理知识。
（2）熟悉客房服务标准、规范。
（3）熟悉客房安全管理知识。
（4）掌握客房设施设备用品管理与保养知识。
（5）了解客房部的人员定编和员工培训知识。

（二）能力目标

（1）能按照“进、撤、铺、洗、抹、补、吸、检”八个程序与要求进行客房整理。
（2）能进行客房服务质量的监控管理。
（3）能进行客房设施、设备、用品的选择、控制、使用、维护。

(4) 能对客房安全事故进行预防，具备规范处理客房突发事件的能力。
(5) 会进行客房人力资源管理。
(6) 能为客人提供优质的个性化服务。

(三) 素养目标

(1) 养成良好的服务意识和职业认同感。
(2) 具有良好的工作态度和较强的责任心。
(3) 具有爱岗敬业、吃苦耐劳的精神。
(4) 具有与人和谐相处、团结合作的能力。
(5) 具有沟通、协调、组织能力。
(6) 培养自我心理调节、适应岗位、抗挫折的能力。
(7) 具有善于观察，随机应变的能力。

六、参考学时与学分

参考学时：36 学时。
参考学分：2 学分。

七、课程结构（见表 2－16）

表 2－16　客房服务课程结构

序号	学习任务（单元、模块）	职业能力	知识、技能、态度要求	教学活动设计	学时
1	客房部认知	07－01－04、18－01、19－01	1. 掌握客房部的地位、任务与工作内容； 2. 熟悉客房类型与客房内部区域划分与功能； 3. 熟悉客房部组织机构设置	教师讲解；学生讨论；参观酒店	4
2	客房整理	17－01－01、17－01－02、17－03－01、17－03－02、17－03－04、17－04－01、17－04－03、18－01－03、18－01－04、18－02－03、23－03－02	1. 掌握工作车准备与摆放要求； 2. 掌握客房清洁保养的内容、程序与标准； 3. 熟悉清洁器具与清洁剂功效与要求； 4. 熟悉房态的英文缩写并确定客房清洁顺序	教师讲解、示范；学生6人一组轮流操作；自评—互评—教师评	10

续上表

序号	学习任务（单元、模块）	职业能力	知识、技能、态度要求	教学活动设计	学时
3	客房对客服务	17－02－01、23－03－06、24－01－01、24－01－05、24－03－01、33－03－05	1. 掌握迎宾的礼仪、礼节要求； 2. 掌握酒店客房常规服务的项目与内容； 3. 掌握查房要求；熟悉处理客人遗留物品或损坏物品的程序、要求； 4. 熟悉宾客投诉的原因，掌握投诉处理的原则、投诉处理的程序、技巧	教师讲解、示范；学生分组；6 人一组轮流操作；自评—互评—教师评	6
4	管家高品质对客服务	07－03－05、08－01－03、08－02－01、08－02－03、08－02－04、08－03－01、08－03－02	1. 掌握管家高品质服务的概念、理念； 2. 掌握个性化服务的内涵和意义； 3. 熟悉高品质服务团队的素质要求； 4. 熟悉客人投诉的原因与处理程序； 5. 能妥善处理客人投诉	教师讲解，告知项目任务；学生分组（10 ~ 12 人）在酒店找一个管家服务项目，为客人提供全程服务；把接待过程用文档的形式进行总结，上交老师	4
5	PA 部	23－04－12、29－03－03、29－03－04、29－03－05、32－02－01、42－01－04	1. 熟悉公共区域服务范围与内容； 2. 了解公共区域清洁与保养的办法； 3. 熟悉公共区域清洁与保养的流程； 4. 掌握各类公共区域清洁与保养工作步骤	教师讲解、示范；学生分每组 6 人轮流操作；自评—互评—教师评	4

续上表

序号	学习任务（单元、模块）	职业能力	知识、技能、态度要求	教学活动设计	学时
6	洗衣房	26－01－05、26－02－05	1. 了解洗衣房的工作内容； 2. 掌握酒店布草、员工制服的收取、保管程序； 3. 掌握客衣的收取、送达的服务程序与要求； 4. 掌握酒店布草、客衣、员工制服的洗涤要求	教师讲解、示范；学生分每组6人轮流操作；自评—互评—教师评	4
7	客房服务中心	18－02－01、19－01、20－01－03、20－01－06、23－01－01	1. 了解客房服务中心的工作范围及职能； 2. 掌握客房服务中心工作流程； 3. 掌握客房服务中心对客服务的要求； 4. 掌握客房服务中心与楼层、与前厅的沟通技能	教师讲解、示范；学生分每组6人轮流操作；自评—互评—教师评	4
合　计					36

注：“职业能力”栏目下的职业能力编码与本书“附录1. 现代学徒制酒店管理专业职业能力分析表”中的编码对应。

八、资源开发与利用

（一）教材编写与使用

编写配套教材要根据本课程标准，同时要征求行业、企业的意见，进行广泛研讨。在企业需求、培养目标和学生实际基础上，注意前后课程的连贯性、一致性。充分体现项目化教学设计思路，各项活动设计要具有可操作性。教材应充分体现客房服务与管理项目引领、以工作过程为导向的课程设计理念，让学生在完成特定项目过程中提高客房的服务与管理能力。教材要求突出职业性和实践性，通过客房服务情境设计和典型案例来组织教学内容，以培养学生职业素质和职业能力。教材应用以学生为本，内容展现形式多样、图文并茂，文字表述简明扼要，符合高职学生认识水平，提高教材的可读性。

（二）数字化资源开发与利用

严格按照本课程标准的设计思路，开发客房服务相匹配的数字化资源，包括视频、演示文稿、文档、动画等多种形式。

（三）企业岗位培养资源的开发与利用

搭建校企合作平台，充分利用酒店客房部的业务骨干以及客房工作岗位展开教学，满足学生实习、实训的需要，并在实际工作岗位中关注学生职业能力的发展和教学内容的适时调整。

九、教学建议

本课程在教学过程中强调“教、学、做”一体化，突出“做中学、学中做”的职业教育教学特色，提倡项目化教学、案例教学、情景模拟等教学方法。在理论教学中，突出酒店客房部真实案例教学。所用案例应充分考虑工学结合的需求，并与客房岗位的工作实际紧密结合。在实践教学中，注重学生的技能与素质培养，有针对性地培养学生的实际业务处理能力。

（1）项目驱动法：在每个教学单元中设计一系列客房服务与管理项目，实施“项目驱动教学法”，使学生在完成特定实际项目工作的过程上学习相应的知识，锻炼相应能力。

（2）分组教学法：分小组实施项目教学时，建议每组人数控制在 5 ~6 人左右。对小组所布置的任务或要求，应做出明确规定。

十、课程实施条件

本课程提倡“理实一体化”的教学环境，使用多媒体教室及真实的客房岗位训练环境，以利于学生直观地观察典型案例发生地，感触真实，从而提高学生的操作技能。

建立校企“双导师”课程团队，既拥有具备扎实的理论功底和与时俱进的理念以及一定企业实践经历的专业教师，又拥有具备较为丰富的酒店客房工作经验、客房主管以上工作经验的骨干人员，以加强理论知识与岗位技能的教学，满足现代学徒的成长需要。

十一、教学评价

本课程评价包括过程性评价与终结性评价，教学考核内容及标准见表2－17。

表2－17　教学考核内容及标准

<table>
<tr><th colspan="2">考核形式</th><th colspan="2">考 核 内 容</th><th>权重/%</th></tr>
<tr><td rowspan="3">过程性评价</td><td rowspan="2">学习过程考核</td><td colspan="2">学习态度；参与教学的积极性</td><td>20</td></tr>
<tr><td colspan="2">完成作业情况；
考查学生在学习时能否主动与教师进行互动，而且能与小组成员进行有效沟通与密切配合，完成教师布置的任务</td><td>10</td></tr>
<tr><td>综合实训考核</td><td colspan="2">客房实操技能考核，管家高品质服务实训</td><td>30</td></tr>
<tr><td>终结性评价</td><td>理论考核</td><td>期末考试</td><td>笔试（开卷）：各单元的知识点</td><td>40</td></tr>
<tr><td colspan="4">合　计</td><td>100</td></tr>
</table>

附：客房服务课程结构鱼骨图（见图2－9）。

（撰稿人：石玉秋、饶远慈、梁宝莹）

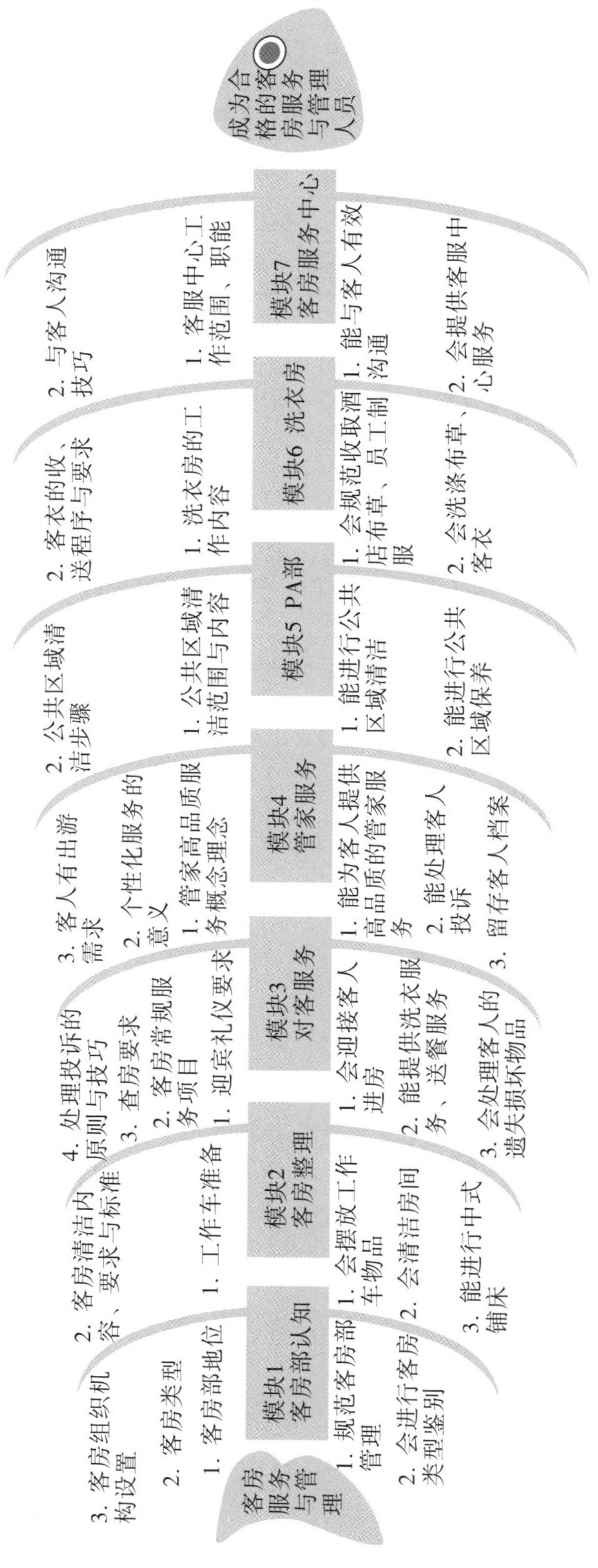

图2-9 客房服务课程结构鱼骨图

餐厅服务课程标准

一、课程名称

餐厅服务。

二、适用专业及面向岗位

本课程适用于酒店管理专业。主要面向酒店餐饮部中、西餐厅的领班、主管及经理等岗位。

三、课程性质

本课程是现代学徒制酒店管理专业的一门企业必修专业技术技能课程。通过本课程的学习，学生能全面了解酒店餐饮服务与管理的现状，系统掌握酒店餐饮服务与管理的基本理论和方法，掌握餐饮服务操作技能，为学习和研究酒店餐饮部的业务管理以及从事酒店餐饮服务管理工作提供必要的知识、技能和素质准备。

四、课程设计

课程设计的总体思路是：根据广东省酒店类企业对人才需求的定位、高职教育对现代学徒制人才培养目标的定位，以酒店管理专业的教学培养目标为出发点，强调学生未来可持续发展的能力。课程在对毕业生、企业调研的基础上，分析酒店典型工作任务与素质能力，形成课程典型的学习任务。

课程教学内容围绕酒店餐饮部对服务活动的典型工作任务展开：包括餐厅服务认知、端托、餐巾折花、斟酒服务、中餐摆台及服务、西餐摆台及服务、菜单制作 7 个任务，每个任务既是独立工作技能培训，又包括了团队合作能力的培养。

本课程以岗位职业能力培养为主线，采用“教、学、做”一体化的教学模式，采用任务驱动教学法，让学生带着任务参与到课堂教学中去，在完成具体项目工作任务过程中掌握餐厅服务的技巧技能，有针对性地培养学生的实际工作能力，形成“以工作任务为目标，以行动过程为导向”的课程教学模式。

五、课程教学目标

（一）知识目标

（1）掌握餐饮企业和餐厅的组织结构。
（2）掌握餐厅服务的特性与原则。
（3）掌握餐厅员工从业素质及各岗位工作要求。
（4）掌握餐厅员工培训方法。
（5）掌握餐厅员工配置方法。

（二）能力目标

（1）具备中餐服务技能。
（2）具备西餐服务技能。
（3）具备自助餐服务技能。
（4）能够制定中西餐服务接待方案。
（5）能够进行合理的人力资源配置。
（6）能够进行有效的服务质量控制。
（7）引导学生具备一定的全面创新意识和创业能力。

（三）素养目标

（1）具有良好的职业道德、法律意识及环保意识。
（2）具有良好的个人礼仪修养和服务意识。
（3）具有良好的心理承受能力和身体素质。
（4）具有团队协作和人际沟通能力。
（5）具备应变能力。
（6）具备获取、分析、使用信息的能力。
（7）具有较宽厚的人文底蕴。
（8）具备终身学习能力和知识迁移能力。

六、参考学时与学分

参考学时：72 学时。
参考学分：4 学分。

七、课程结构（见表 2－18）

表 2－18　餐厅服务课程结构

序号	学习任务（单元、模块）	职业能力	知识、技能、态度要求	教学活动设计	学时
1	餐厅服务认知	39－02－01、39－02－04、39－02－05	1. 认知餐饮企业和餐厅的组织结构； 2. 理解餐厅服务的特性与原则； 3. 理解餐厅服务员工作任务及应具备的从业素质	采用任务驱动法教学，分小组进行； 运用多媒体辅助课堂教学，通过 QQ 群发布相关信息并进行互动； 引导学生通过网络和实地调查了解各种餐饮企业类型，了解餐厅服务工作特征	6

续上表

序号	学习任务（单元、模块）	职业能力	知识、技能、态度要求	教学活动设计	学时
2	端托	37－01	1. 掌握托盘的基本动作要领； 2. 掌握托盘服务标准要求	端托服务技能要求讲解； 老师示范托盘服务技能，学生动手实操训练； 抽查考核	18
3	餐巾折花	37－01	1. 掌握杯花花型创作的基本动作要领； 2. 掌握盘花花型创作的基本动作要领	餐巾折花设计技能要求讲解； 老师示范，学生动手实操训练； 抽查考核	6
4	斟酒服务	37－01－02、37－01－06	1. 掌握不同酒水斟倒服务标准； 2. 掌握酒水斟倒服务过程突发情况处理	不同酒水斟倒服务技能要求讲解； 斟酒服务技能示范，学生动手实操训练；突发情况处理	4
5	中餐摆台及服务	35－01、35－03	1. 掌握摆台服务前的准备工作要求； 2. 掌握三种铺台布技巧； 3. 掌握中餐宴会摆台的流程与标准； 4. 了解中餐服务的特点方式； 5. 掌握中餐服务的主要环节和技能要求； 6. 中餐常用的服务方式知识讲解； 7. 中餐主要服务环节学生分组训练； 8. 中餐零点服务案例教学； 9. 中餐服务礼仪视频教学	铺台布技能要求讲解； 铺台布技能示范，学生训练； 中餐摆台服务技能要求讲解； 中餐摆台服务技能示范，学生动手实操训练	14

续上表

序号	学习任务（单元、模块）	职业能力	知识、技能、态度要求	教学活动设计	学时
6	西餐摆台及服务	35－01、35－03	1. 掌握摆台服务前的准备工作要求； 2. 掌握铺台布技巧； 3. 掌握西餐宴会服务的流程与标准； 4. 了解西餐主要服务方式； 5. 掌握西餐零点服务的主要程序及技能要求； 6. 了解西餐主要服务方式； 7. 掌握西餐零点服务的主要程序及技能要求	铺台布技能要求讲解； 铺台布技能示范，学生训练；西餐摆台服务技能要求讲解；西餐摆台服务示范，学生动手实操训练；西餐服务知识讲解；西餐零点服务情景剧模拟表演分组；分组考核	14
7	菜单制作	39－02－03、49－01－02	1. 熟悉各种类型的菜单； 2. 了解菜单的作用； 3. 掌握不同类型菜单的筹划、设计与制作	菜单基本知识讲解；菜单制作分组任务布置；菜单价格核定方法讲解；菜单制作成果展示、点评	10
合　计					72

注：“职业能力”栏目下的职业能力编码与本书“附录1. 现代学徒制酒店管理专业职业能力分析表”中的编码对应。

八、资源开发与利用

（一）教材编写与使用

必须依据本课程标准编写教材，要征求行业、企业的意见，进行广泛调研和讨论，在企业需求、培养目标和学生设计学习工作任务上，要注意和前后课程的连贯性、一致性，各项任务设计要具符合酒店工作实际。教材要求突出职业性和实践性，针对职业岗位所需的知识和能力结构组织教学内容，以培养学生职业素质和职业能力，遵循高职现代学徒制学生认知规律，各项目设计内容突出实用性和可操作性。教材应用以学生为本，内容展现形式多样、图文并茂，多运用信息化手段，文字表述简明扼要，符合高职学生认识水平，提高教材的可读性。

（二）数字化资源开发与利用

为更好地学习本课程，应开发数字化资源。可将餐巾折花、托盘、斟酒、中西餐摆台等内容设计成微课，配二维码，学生通过扫描二维码进行相关内容的学习和复习。另外，还需要充分发掘视频、演示文稿、文档、动画等多种形式，开发精品资源共享课程和网络课程，实现课程内容的共享。

（三）企业岗位培养资源的开发与利用

搭建校企合作平台，充分利用酒店餐饮部的业务骨干及中餐、西餐工作岗位展开教学，有针对性地培养学生的实际业务处理能力，并在实际工作岗位中对教学内容做适时调整。

九、教学建议

整体教学采用任务驱动法，同时综合使用引导文法、案例分析法、画廊展示法、桌布游戏法等多种教学方法。课后引导学生进行拓展学习，进一步提高其综合职业素养。

各项目可以成立不同的学习小组，成员不超过 4 人，不同项目小组必须至少有 2 名新成员，提交作业时要说明小组成员具体分工。

还可以通过建立课程 QQ 群或微信群及时发布、沟通信息，拓展学习内容。

十、课程实施条件

（1）教学场所。本课程实施“教、学、做”一体化教学模式，需有真实的餐厅服务实训实习条件。合作酒店能为学徒提供真实的餐厅服务岗位。

（2）师资条件。建立“双导师”课程团队，既拥有具备扎实的理论功底和与时俱进的理念、具备一定酒店餐饮实践经历的专业教师，又拥有具备较为丰富的酒店餐厅工作经验的骨干人员，以满足现代学徒的成长需要。

十一、教学评价

本课程应采用知识考核与能力测试相结合、过程考核和结果考核相结合的考核评价方式。教学评价的对象应包括学生的知识掌握情况、实践操作能力、学习态度和基本职业素质等方面。学生最终成绩的评定以学生平时表现和任务完成情况及最终考核来核定，采用累计计分制。评分细则如表 2－19 所示。

表 2－19　教学考核内容及标准

计分项目		权重/%
平时成绩	出勤、纪律、课堂表现	5
技能成绩	餐巾折花	5
	端托	5
	中餐摆台、主题服务方案设计	10
	西餐摆台、主题服务方案设计	10
	主题自助餐方案设计	10
	员工培训方案设计	5
理论成绩	期末理论考试	50
合　计		100

附：餐厅服务课程结构鱼骨图（见图 2－10）。

（撰稿人：周艳丽、马智斌、谢军梅）

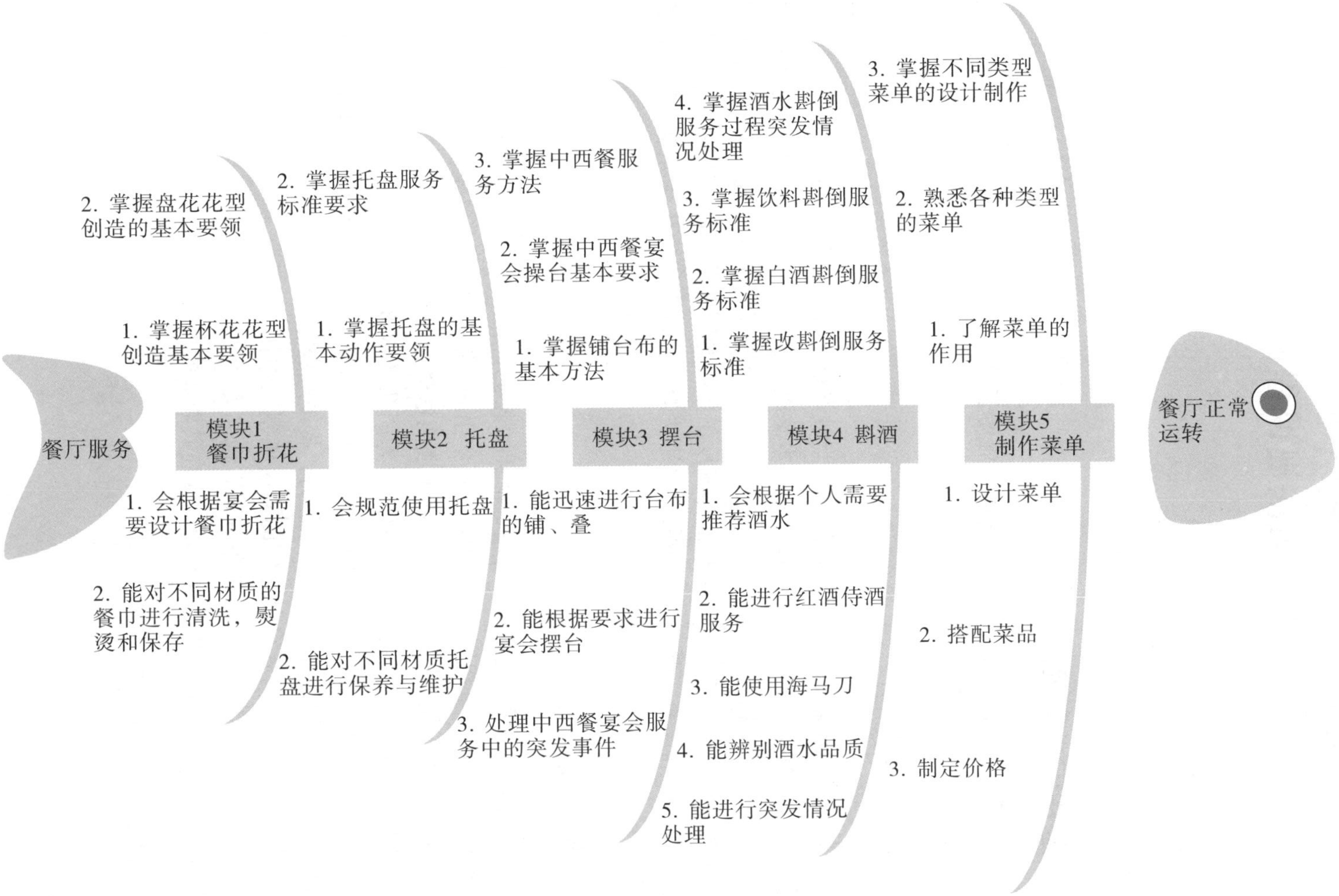

图2-10　餐厅服务课程结构鱼骨图

酒店政策法规课程标准

一、课程名称

酒店政策法规。

二、适用专业及面向岗位

本课程既适用于酒店管理专业，又适用于旅游管理专业。主要面向酒店前厅部、餐饮部、客房部等部门的领班、主管及经理岗位。

三、课程性质

本课程是现代学徒制酒店管理专业的一门学校必修专业技术技能必修课程。通过本课程的学习，学生能够掌握党的基本理论和基本路线、我国宪法的基本知识、我国的基本国策、外交政策以及相关的法律知识，包括旅游安全与保险法律法规、旅游住宿与食品管理法律制度、旅游消费者权益保护法律制度、旅游合同法律制度，强化学生在酒店管理工作中依法处理业务，严格遵守国家的法律法规，养成良好的依法办事、依法经营的意识与习惯。

四、课程设计

本课程是依据“现代学徒制酒店管理专业职业能力分析表”中的酒店政策法规项目而设置的。课程内容的编排和组织是以企业需求、学生的认知规律、教学积累为依据确定的。

通过学习，学生不仅能够了解和掌握我国酒店法规与政策基础知识，能够分析和解决酒店接待中出现的实际问题和投诉，而且熟悉团队及散客导游服务程序与服务质量，能够预防并处理酒店接待中的各种问题和事故，掌握旅游政策法规业务的相关知识和法律运用技能，并依此提升自己的实际操作能力，提高应变能力。

课程教学内容围绕各酒店需要熟知的酒店典型工作任务展开，包括饭店职业意识、饭店星级评定、酒店和客人权利与义务、酒店食品安全、旅游饭店行业规范 5 个任务，从而锻炼学生的职业道德和法律法规常识，提高其职业能力。

五、课程教学目标

（一）知识目标

（1）掌握党的基本理论和基本路线、我国宪法的基本知识、我国的基本国策、外交政策。

（2）掌握旅游饭店星级评定制度、旅馆治安管理办法、娱乐场所管理条例、食品安全法的内容。

（3）掌握消费者权益保护法的内容。

（4）掌握合同法总则的相关规定：合同的订立、合同的效力、合同的履行、违约责任等。

（二）能力目标

（1）能够根据党的政策与基本理论以及相关法律法规制度的规定进行酒店管理工作。

（2）明辨违反相关法律制度的行为与责任后果。

（3）能够明辨饭店的权利和义务，能处理饭店相关管理事务。

（4）能够辨别经营者经营行为的合法性，保护消费者的合法权益。

（5）学会签订旅游合同，并保护合同当事人的合法权益。

（三）素养目标

（1）养成良好的服务意识和职业认同感。

（2）养成良好的工作态度和较强的责任心。

（3）养成爱岗敬业、吃苦耐劳的精神。

（4）养成与人和谐相处、团结合作的能力。

六、参考学时与学分

参考学时：36 学时。

参考学分：2 学分。

七、课程结构（见表 2－20）

表 2－20 酒店政策法规课程结构

序号	学习任务（单元、模块）	职业能力	知识、技能、态度要求	教学活动设计	学时
1	饭店职业意识	70－08－01、70－08－02、70－08－03	1. 熟悉饭店员工的基本职业素质要求； 2. 培育良好的职业心态	案例引入；讲解饭店员工应具备的基本职业素质要求；讲解酒店员工应具备的职业心态	6
2	饭店星级评定	70－09－04	1. 掌握旅游饭店星级划分及标志； 2. 掌握饭店各星级划分条件； 3. 掌握饭店服务的质量要求	讲解旅游饭店星级划分方法及标识；讲解饭店各星级划分条件；讲解饭店服务的质量要求	6

续上表

序号	学习任务（单元、模块）	职业能力	知识、技能、态度要求	教学活动设计	学时
3	酒店和客人权利与义务	70－09－06	1. 掌握酒店的权利； 2. 熟知酒店的义务； 3. 掌握客人的权利和义务	案例引入；讲解酒店的权利；讲解酒店的义务；讲解客人的权利和义务	12
4	酒店食品安全	70－09－09	1. 掌握食品安全的内容； 2. 掌握食品生产经营的要求； 3. 掌握食品安全事故的处理	案例引入；讲解食品安全的内容和要求；讨论食品安全事故的处理	6
5	旅游饭店行业规范	70－06－04	掌握旅游饭店行业规范内容	讲解旅游行业规范	6
合　计					36

注：“职业能力”栏目下的职业能力编码与本书“附录1. 现代学徒制酒店管理专业职业能力分析表”中的编码对应。

八、资源开发与利用

（一）教材编写与使用

（1）本课程教材的编写应充分体现能力引领，以工作过程为导向的课程设计理念，打破传统的学科式内容体系，构建以岗位职业能力以及职业标准为依据的课程内容体系，以本课程标准为依据进行编写。

（2）教材编写应以酒店行业专家对现代学徒制酒店管理专业所涵盖的岗位任务和职业能力分析为依据，教材应图文并茂，提高学生的学习兴趣，加深学生对旅游、酒店法律法规理论知识的理解与技能的掌握。

（3）教材内容应凸显实践性、应用性和层次性的特征。

（二）数字化资源开发与利用

（1）开发适合教学使用的多媒体教学资源库和多媒体教学课件。

（2）发挥网络设备实训室的优势，将教学与培训合一，满足学生综合能力培养的需要。

（3）积极开发和利用“酒店政策法规”网络课程资源，可采用视频、演示文稿、文档、动画等多种形式，也可以采用精品资源共享课和网络课的形式实现共享。

（三）企业岗位培养资源的开发与利用

以酒店各部门学徒岗位为依托，充分利用合作办学的企业资源，为学生提供阶段实训，让学生在真实的环境中磨炼自己，提升自身的职业综合素质。

九、教学建议

（1）案例教学：通过组织真实案例学习和分析，提高学生对问题的理解能力、分析能力，并培养学生解决问题的能力。

（2）讨论式与小组游戏教学：针对需解决问题或行业颇有争议的问题，安排小组讨论，并进行陈述，大家再一起讨论、分析和评价，这样可使每个学生都有兴趣积极参与，活跃课堂气氛，培养了自学的能力。同时，注重通过小组游戏和集体作业设计以培养学生团队意识。

（3）启发式教学：充分地发挥讲授法集中传授系统知识、重点突出等优点，同时融入启发、提问等多种方法及多媒体教学手段的应用，使讲授法更充实、有效。

十、课程实施条件

（1）场地配置：建议安排在酒店实训室授课，有网络环境，或者安排在具备相应条件的企业培训室。

（2）师资配置：建议懂法规、精通酒店业务的校内教师或企业兼职教师授课，有条件可建立“双导师”课程团队，企业兼职教师应有不低于2年的企业工作经验。

十一、教学评价

本课程评价包括过程性评价和终结性评价，教学考核内容及标准见表2－21。

表 2-21 教学考核内容及标准

<table>
<tr><th colspan="2">考核形式</th><th colspan="2">考 核 内 容</th><th>权重/%</th></tr>
<tr><td rowspan="3">过程性评价</td><td rowspan="3">平时考核</td><td>出勤情况</td><td>无故旷课超过 3 次，该项分数为零，迟到或早退作适当扣分</td><td>10</td></tr>
<tr><td>学习态度</td><td>考查学生在课堂上能否主动与教师进行互动，而且能与小组成员进行有效沟通与密切配合，完成教师布置的任务</td><td>10</td></tr>
<tr><td>作业</td><td>完成教师布置的各项作业，关注作业数量和质量</td><td>10</td></tr>
<tr><td rowspan="3">终结性评价</td><td>期末考试</td><td>期末考试</td><td>笔试（闭卷）：各单元的知识点</td><td>20</td></tr>
<tr><td rowspan="2">综合实训考核</td><td colspan="2">小组完成情况：教师给各组完成情况打分，各组互评，取平均分为本项最后综合得分</td><td>30</td></tr>
<tr><td colspan="2">团队活动的参与度、学生本人的团队参与协作度</td><td>20</td></tr>
<tr><td colspan="4">合 计</td><td>100</td></tr>
</table>

附：酒店政策法规课程结构鱼骨图（见图 2-11）。

（撰稿人：王炜、张兆添、潘艳玲）

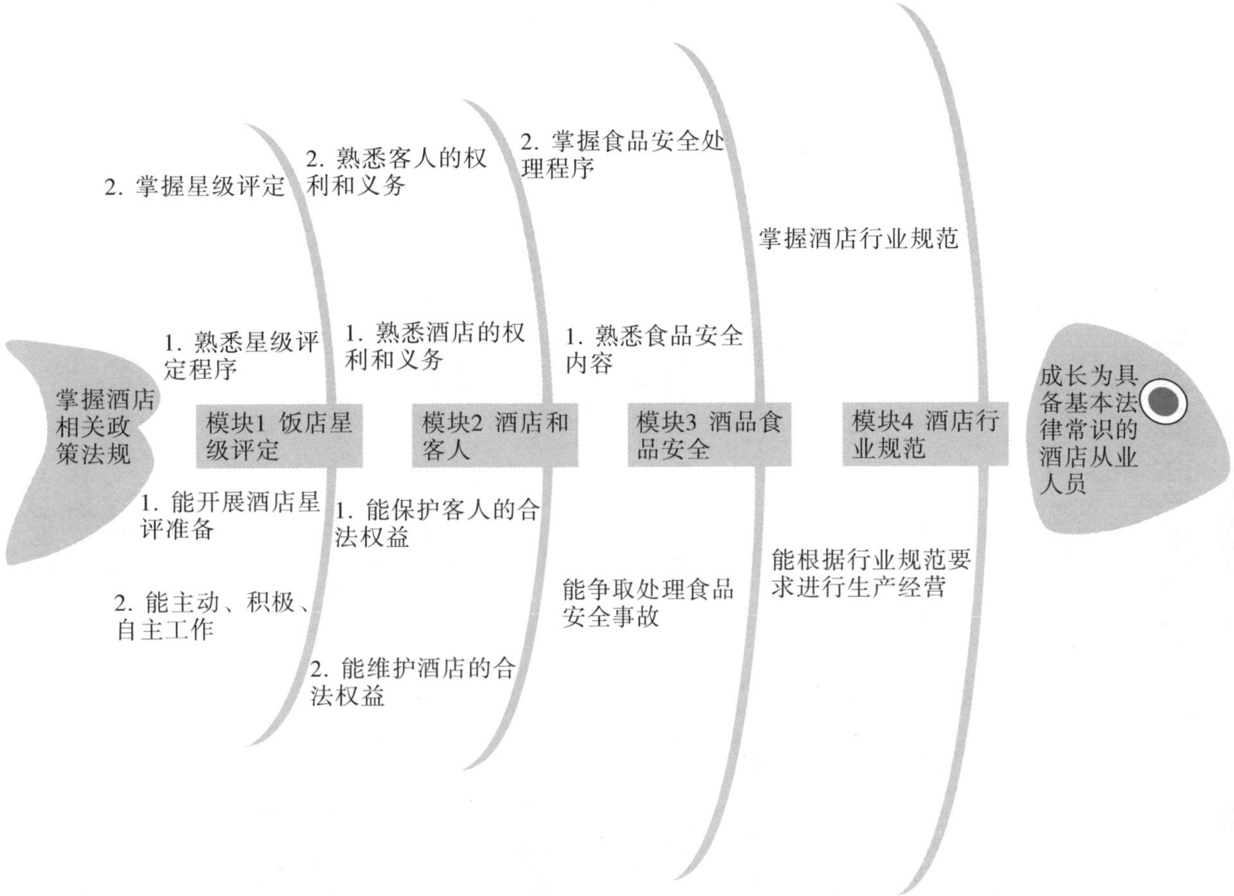

图2-11　酒店政策法规课程结构鱼骨图

房务管理课程标准

一、课程名称

房务管理。

二、适用专业及面向岗位

本课程适用于酒店管理专业，主要面向酒店房务部（含前厅、客房部等）领班、主管和经理等岗位。

三、课程性质

本课程是现代学徒制酒店管理专业的一门企业限选学徒岗位能力课程。通过对本课程的学习，学生能够掌握酒店的前厅服务、销售管理、客房预订管理及客房卫生管理、客房设备用品管理、客房服务方法等方面的知识和技能。

四、课程设计

本课程是依据“现代学徒制酒店管理专业职业能力分析表”中的酒店前厅部、客房部基层管理工作项目（领班以上岗位）设置的。课程内容的编排和组织是以酒店房务部的需求及学生的认知规律为依据，以岗位工作任务为中心组织教学，让学生在完成具体项目的过程中学会完成相应工作任务，从而提高职业能力和素质。

五、课程教学目标

（一）知识目标

（1）掌握饭店房务的含义、特点、类型、等级、历史、现状与发展趋势等基本知识。
（2）掌握饭店房务管理的基本理论与基本方法。
（3）认识饭店房务业态发展与经营的规律。

（二）能力目标

（1）掌握前厅客房预订、接待、礼宾、商务、商务楼层等岗位的服务技能。
（2）能正确处理客人的投诉。
（3）能对前厅经营信息进行统计分析和处理。
（4）能对前厅服务质量进行监控。

（三）素养目标

（1）具备良好的服务意识和职业认同感。

（2）具备良好的工作态度和较强的责任心。
（3）具备爱岗敬业、吃苦耐劳的精神。
（4）具备与人和谐相处、团结合作的能力。
（5）具备沟通、协调、组织能力。
（6）具备自我心理调节、适应岗位、抗挫折的能力。
（7）具备善于观察，随机应变的能力。

六、参考学时与学分

参考学时：54 学时。
参考学分：3 学分。

七、课程结构（见表 2－22）

表 2－22　房务管理课程结构

序号	学习任务（单元、模块）	职业能力	知识、技能、态度要求	教学活动设计	学时
1	前厅部门介绍	01－03－03	1. 熟悉前厅部布局； 2. 熟悉前厅部服务流程； 3. 了解前厅部的岗位职责	讨论、提问引入教学活动；讲授为什么学习本课程、学什么和怎么学的问题；课程基本理论问题引入	4
2	客房预订	02－01－03、02－02－01、02－02－02、02－02－03、03－02－01	1. 了解预订的意义； 2. 了解饭店收费方式； 3. 掌握预订业务及特殊情况处理	案例引入；预订种类和预订程序讲解；特殊情况预订案例教学	8
3	礼宾与总台接待服务	04－06－01、04－06－02、04－06－03、04－06－04、04－06－05	1. 了解礼宾服务的主要内容； 2. 掌握贵重物保管的程序； 3. 掌握入住接待程序	案例引入；礼宾服务案例教学；入住接待程序讲解；行李寄存与保管案例教学；“金钥匙”服务案例教学	8
4	饭店产品销售	13－02－01、13－02－02、13－02－03	1. 熟悉前厅销售的主要内容； 2. 了解客房服务的基本概念； 3. 掌握客房销售的方法和技巧；	饭店产品讲解；饭店产品销售案例教学；饭店产品销售技巧案例教学	8

续上表

序号	学习任务（单元、模块）	职业能力	知识、技能、态度要求	教学活动设计	学时
5	前厅客史档案管理	15－03－01、15－03－02、15－03－03	掌握客史档案建立和管理的程序	前厅报表制作讲解；酒店客史档案管理教学；前厅营业数据分析教学	4
6	前厅部沟通	15－02－01、15－02－02、15－02－03	1. 掌握宾客沟通的技巧； 2. 掌握宾客投诉的原因	酒店部际沟通讲解；宾客关系管理案例教学；宾客投诉处理技巧案例教学	6
7	前厅系列服务	04－04－01、04－04－02、04－04－03、04－05－01、04－05－02	1. 掌握客账管理技巧； 2. 掌握外币兑换服务技能； 3. 掌握退房结账的程序	客账管理和外币兑换方法教学；退房结账案例分析	4
8	客房部门介绍	16－01－01、16－01－02、16－02－01、16－02－02、16－02－03、17－01－01	1. 掌握客房部的地位、任务与工作内容； 2. 熟悉客房类型与客房内部区域的划分与功能； 3. 熟悉客房部的组织机构设置	客房部功能、职责及工作内容讲解	6
9	客房部门基层管理	16－02－02、16－03－01、16－03－02、16－03－03	1. 掌握客房设备用品编制预算的基本方法和客房设备用品选择、控制、使用和保养知识； 2. 掌握客房部编制定员和制定劳动定额的方法	对客房设备用品编制预算的基本方法、客房用品种类及管理办法、客房部编制定员编制及制定劳动定额的方法等内容进行分析讲解	6
合　计					54

注：“职业能力”栏目下的职业能力编码与本书“附录1. 现代学徒制酒店管理专业职业能力分析表”中的编码对应。

八、资源开发与利用

（一）教材编写与使用

编写配套教材要根据本课程标准，同时要征求行业、企业的意见，进行广泛研讨。在企业需求、培养目标和学生实际的基础上，注意和前后课程的连贯性、一致性。教材应充分体现能力引领、以工作过程为导向的课程设计理念；教材应以酒店房务部门（含前厅及客房部）领班、主管及部门经理典型的岗位工作任务为驱动，通过基本知识、案例模拟和课后拓展作业等多种手段，采用与工作流程相结合的方式来组织编写；教材应包含酒店房务部门经营管理的基本理论、基础知识和基本方法。建议教材专门编写配套的经典案例解析库，以提高学生综合分析和运用知识的能力。

（二）数字化资源开发与利用

严格按照本课程的设计思路，开发与教材、教学相匹配的“房务管理”数字化资源。可以采用视频、演示文稿、文档、动画等多种形式，建立教学资源库。

（三）企业岗位培养资源的开发与利用

建议充分发挥校企合作优势，将酒店房务部门日常经营管理的工作任务引入到课堂中来，同时把企业经典案例作为课堂主要分析对象。充分利用院校、企业“双元”育人、工学结合优势，把教学现场直接放到酒店房务部的相关部门，让学生在学中做，做中学。

九、教学建议

通过组织房务部相关部门的真实案例学习和分析，提高学生对房务问题的理解能力、分析能力，并培养学生解决问题的能力。针对酒店房务部门需解决的问题或颇有争议的问题，安排小组讨论，并进行陈述，大家一起讨论、分析和评价，这样既可使每个学生都有兴趣积极参与，活跃课堂气氛，还培养了学生自学的能力。同时，注重通过小组游戏和集体作业设计以培养学生的团队意识。

（1）项目驱动法：在每个教学单元中设计一系列项目，实施“项目驱动教学法”，学生在完成特定实际项目工作的过程中学习相应知识，锻炼相应能力。

（2）分组教学法：分小组实施项目教学时，建议每组人数控制在 5 ~ 6 人；对小组所布置的任务或要求，应做出明确规定。

十、课程实施条件

本课程着力打造“理实一体化”的教学环境，通过多媒体教室向学生布置工作任务、讲解经典案例或者进行小组讨论；通过房务部门岗位训练环境，以利于学生进行现场仿真教学，提高学生的职业技能。

本课程应由酒店房务部门中层以上管理人员担任企业导师，并由具备本专业或相关专业研究生及以上学历、至少具有一年及以上酒店房务部门工作经验的专任教师配合完成教学任务。

十一、教学评价

本课程采用过程性评价、项目评价两种形式进行教学评价（见表2－23）。过程性评价以出勤、学习态度为主；项目评价采取课堂分组完成工作项目、案例分析及课后作业三种形式，注重学生的参与程度和处理、分析问题的能力，以全面、综合地评定学生能力及学习效果。

表2－23　教学考核内容及标准

序号	考核形式	考核内容	权重/%
1	过程性评价	学习态度，参与教学的积极性	10
		完成作业情况； 考查学生在学习时能否主动与教师进行互动，而且能与小组成员进行有效沟通与密切配合，完成教师布置的任务	10
2	项目评价	课堂分组完成项目效果； 案例分析； 课后作业成绩	80
合　计			100

附：房务管理课程结构鱼骨图（见图2－12）。

（撰稿人：余孟君、张承东、韦统翰）

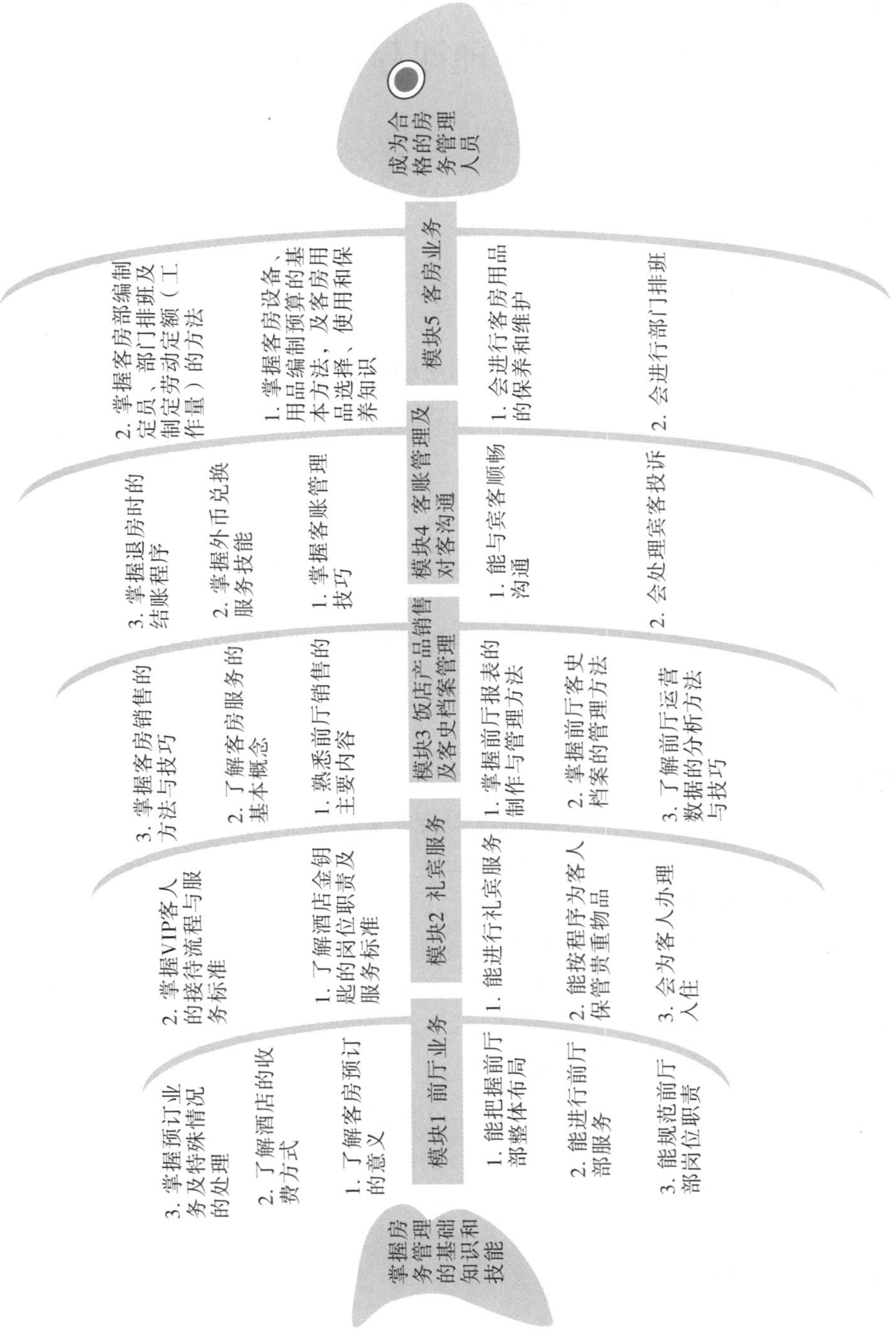

图2-12　房务管理课程结构鱼骨图

餐饮经营管理课程标准

一、课程名称

餐饮经营管理。

二、适用专业及面向岗位

本课程既适用于酒店管理专业，又适用于旅游管理专业。主要面向酒店餐饮部领班、主管和经理等岗位。

三、课程性质

本课程是现代学徒制酒店管理专业的一门企业限选学徒岗位能力课程。通过本课程的学习，学生能全面了解餐饮企业经营的基本状况，系统掌握餐饮企业经营管理的基本知识和科学方法，为进一步学习和研究餐饮企业各部门业务管理打下坚实的基础。

四、课程设计

课程总体设计的思路是：根据广东省酒店类企业对人才需求和高职教育对现代学徒制人才培养目标的定位，以酒店管理专业的教学培养目标为出发点，强调学生未来可持续发展的能力。课程在对毕业生、企业调研的基础上，分析酒店典型工作任务与素质能力，形成课程典型的学习任务。

课程教学内容围绕酒店餐饮部对服务活动典型工作任务展开，包括餐饮业认知、餐饮销售管理、餐饮生产管理 3 个任务，每个任务既包括独立工作技能培训，又包括了团队合作能力的培养。

教学模式上，以岗位职业能力培养为主，采用“教、学、做”一体化教学模式，让学生带着任务参与到教师的课堂教学中去。学生在完成具体项目工作任务过程中掌握餐饮经营管理的技能和方法，注重学生实际问题解决能力的培养，做到学以致用，从而形成“以工作任务为目标，以行动过程为导向，学教相长”的课程教学模式。

五、课程教学目标

（一）知识目标

（1）了解餐饮部的地位与任务，组织机构与管理岗位职责，餐饮部的人员素质要求、服务标准。

（2）熟悉饭店餐饮业的发展历史、现状及未来发展趋势。

（3）熟悉涉及饭店餐饮服务的饮食文化、饮食习俗的相关知识。

（4）掌握餐饮业营销策略。
（5）掌握餐饮生产管理方法。

（二）能力目标

（1）能分析市场形势。
（2）会组合市场营销策略。
（3）能对餐饮服务质量进行监控。
（4）能进行食品原料的采购、验收与库存信息处理。

（三）素养目标

（1）养成良好的服务意识和职业认同感。
（2）具有良好的工作态度和较强的责任心。
（3）具有爱岗敬业、吃苦耐劳的精神。
（4）具有与人和谐相处、团结合作的能力。
（5）具有沟通、协调、组织能力。
（6）培养自我心理调节、适应岗位、抗挫折的能力。
（7）具有善于观察，随机应变的能力。

六、参考学时与学分

参考学时：54 学时。
参考学分：3 学分。

七、课程结构（见表 2－24）

表 2－24　餐饮经营管理课程结构

序号	学习任务（单元、模块）	职业能力	知识、技能、态度要求	教学活动设计	学时
1	餐饮业认知	30－01、37、39－01	1. 熟悉餐饮部的地位； 2. 解餐饮业的经营特点及服务精神； 3. 了解世界主要餐饮业的发展、各国餐饮文化特点； 4. 熟悉我国的餐饮发展和相应的饮食文化； 5. 熟悉当代饮食要求； 6. 掌握我国与国际健康食品、绿色食品的标准	餐饮部门知识讲解；餐饮业发展历史视频教学； 餐饮业经营特点及服务精神讲解；餐饮创新案例教学；餐饮文化知识讲解；中国餐饮业发展历程教学，学生分组讨论	8

续上表

序号	学习任务（单元、模块）	职业能力	知识、技能、态度要求	教学活动设计	学时
2	餐饮销售管理	30－02、30－03－01、30－03－02、30－03－03、30－04	1. 了解餐饮营销的含义及观念的演进； 2. 理解餐饮产品与服务的营销因素组合； 3. 熟悉餐饮成功营销技巧； 4. 学会合理运用餐饮营销策略	餐饮营销知识讲解；餐饮营销策略案例教学；餐饮业营销趋势案例教学	24
3	餐饮生产管理	35－04、36－02、42、43－01－02、49	1. 懂得如何进行餐厅环境的布置； 2. 掌握餐饮服务质量控制的方法和提高服务质量的措施； 3. 熟悉餐饮生产流程； 4. 掌握生产管理方法	餐饮生产基础知识讲解； 餐饮生产服务质量控制知识讲解； 餐饮部组织架构案例教学	22
合　计					54

注：“职业能力”栏目下的职业能力编码与本书“附录1．现代学徒制酒店管理专业职业能力分析表”中的编码对应。

八、资源开发与利用

（一）教材编写与使用

教材编写应依据本课程标准，征求行业、企业的意见，进行广泛调研和讨论，在企业需求、培养目标和学生实际的基础上设计学习工作任务，注意和前后课程的连贯性、一致性，各项任务设计要符合酒店工作实际。教材要求突出职业性和实践性，针对职业岗位所需的知识和能力结构组织教学内容，以培养学生职业素质和职业能力，遵循高职现代学徒制学生认知规律，各项目设计内容突出实用性和可操作性。教材应用以学生为本，内容展现形式多样、图文并茂，多运用信息化手段，文字表述简明扼要，符合高职学生认识水平，提高教材的可读性。

教材应包含餐饮经营管理的基本理论、基础知识和基本方法。建议教材专门编写配套的经典案例解析库，以提高学生综合分析和运用知识的能力。

（二）数字化资源开发与利用

数字化资源的开发，必须严格按照本课程的设计思路，开发与教材、教学相匹配的数字化资源。可以采用视频、演示文稿、文档、动画等多种形式，建立精品课程和教学资源库。

（三）企业岗位培养资源的开发与利用

建议充分发挥校企合作优势，将餐饮企业实际经营管理的工作任务引入到课堂中来，同时把企业经典案例作为课堂主要分析对象。充分利用院校、企业“双元”育人、工学结合的优势，把教学现场直接放到企业，让学生在学中做，做中学。

九、教学建议

在教学方法上，建议采用多种教学方法相结合，主要方法有：

（1）项目驱动法、任务引领法、情景模拟法：在项目驱动下，通过具备相应条件设定的情境任务，让学生扮演一定的角色，进行分组演练。旨在训练学生的餐饮服务与管理能力，加强学生团队协作、动手、创新、解决问题等能力。

（2）小组讨论法：教学过程中，调动学生学习的积极性与主动性，充分发挥学生的主观能力性，引导学生思考、分析，培养学生分析问题、解决问题的能力。

（3）案例教学法：在教学过程中，采用案例教学法，以特定的案例与事件来帮助学生加深对客房服务与管理知识的掌握和运用。

十、课程实施条件

本课程着力打造“理实一体化”的教学环境，使用多媒体教室，以利于教师向学生布置工作任务、讲解经典案例或者进行小组讨论。使用酒店餐饮部门的岗位训练环境，以利于教师向学生进行现场仿真教学，提高学生的职业技能。

本课程应由餐饮企业中高层经营管理人员担任企业导师，并由具备本专业或相关专业研究生及以上学历，至少具有一年及以上酒店餐饮部门工作经验的专任教师配合完成教学任务。

十一、教学评价

本课程应采用知识考核与能力测试相结合、过程考核和结果考核相结合的考核评价方式，注重对职业能力的考核和综合素质的评价，引入小组评价、教师评价等多元化考核评价机制，完善教学评价体系。具体可参考表 2－25。

表 2－25　教学考核内容及标准

考核项目		评定标准	评定人	权重/%
平时考核	课程实训	每次小组完成项目任务的效果或作品由小组互评及教师评定成绩，小组意见与教师意见各占 50%	学生小组互评 课程任课教师	40
	课程学习表现	学习态度、考勤情况、参与程度	课程任课教师	20
期末理论考试		进行期末闭卷考试，由课程教师命题	课程任课教师	40
合　计				100

附：餐饮经营管理课程结构鱼骨图（见图 2－13）。

（撰稿人：周艳丽、汪云、谢军梅）

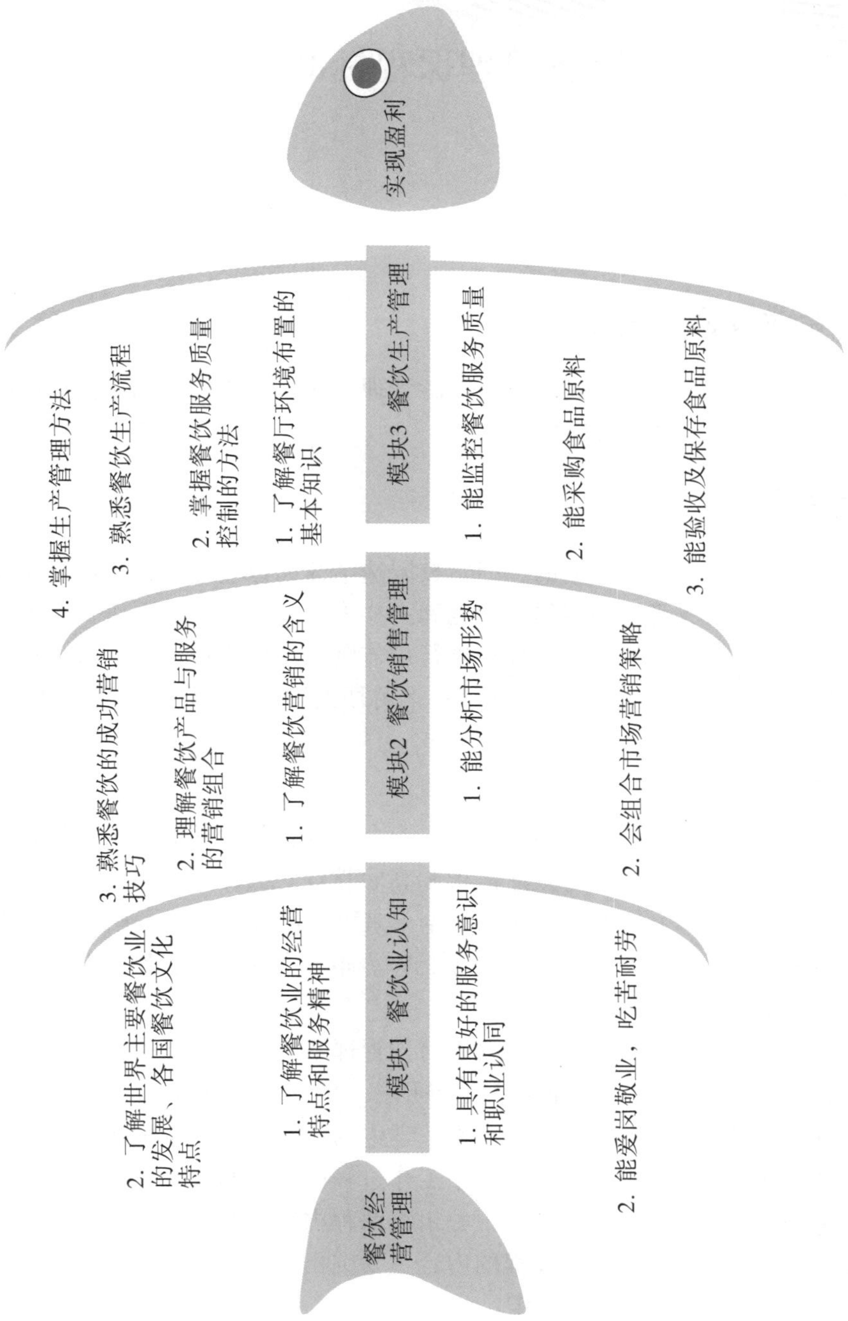

图2-13 餐饮经营管理课程结构鱼骨图

酒店财务管理课程标准

一、课程名称

酒店财务管理。

二、适用专业及面向岗位

本课程既适用于酒店管理专业，又适用于旅游管理专业。主要面向酒店前厅部、餐饮部、客房部的领班、主管、经理等岗位。

三、课程性质

本课程是现代学徒制酒店管理专业的一门学校限选学徒岗位能力课程。通过本课程的学习，学生能了解酒店财务管理的本质、职能和主要内容，了解掌握酒店资金筹集的渠道、特点和要求，理解资金成本和财务杠杆进行最佳资金结构决策，理解项目投资的决策评价指标，对各评价指标的分析比较，成为一名称职的酒店行业财务管理人才。

四、课程设计

本课程是依据“现代学徒制酒店管理专业职业能力分析表”中的酒店财务管理工作项目设置的。根据广东省酒店类企业对人才需求和高职教育对人才培养目标的定位，以酒店管理专业的教学培养目标为出发点，强调学生未来可持续发展能力。引入“任务驱动”“项目导向”的理念，重构教学体系，在每个教学环节中都明确工作任务，让学生的学习过程转变成完成项目的过程。

本课程一共设置了 5 个工作任务，包括酒店财务管理基本知识、酒店资金筹集与投资管理、酒店营运资金管理、酒店财务控制与财务预算、酒店财务分析。

本课程内容的编排和组织是以酒店企业需求、学生的认知规律为依据确定的。改变以往的传统课程教学模式，与酒店合作进行基于工作过程的开发与设计，立足于学生实际工作能力的培养，以酒店财务工作任务为中心组织课程内容，并让学生在完成具体项目的过程中学会完成相应工作任务。该课程的内容主要突出开放性、实践性要求，理论知识以适度、够用为原则，重点在实践操作。

五、课程教学目标

（一）知识目标

（1）了解酒店财务管理的本质、职能和主要内容。

（2）明确酒店资金的时间价值、酒店筹集资金的渠道。

（3）掌握项目投资的决策评价指标。
（4）掌握酒店营运资金的功能。
（5）了解酒店分配的原则和影响因素，熟悉酒店分配程序。
（6）掌握酒店预算组织和编制程序。
（7）掌握酒店财务分析的基本方法和酒店财务指标分析方法。

（二）能力目标

（1）能确定企业财务管理的总体目标和具体目标。
（2）能计算货币的时间价值，并运用到具体的决策之中。
（3）筹资成本并选择筹资决策和分析评价项目投资决策。
（4）能确定最佳现金持有量和利用信用政策加强应收账款的管理。
（5）能编制酒店的财务预算。
（6）能利用各种能力指标对企业进行单方面及综合的财务分析。

（三）素养目标

（1）培养学生具有酒店财务岗位从业人员的良好职业道德。
（2）培养学生对财务风险管理的职业敏感度。

六、参考学时与学分

参考学时：54 学时。
参考学分：3 学分。

七、课程结构（见表 2－26）

表 2－26　酒店财务管理课程结构

序号	学习任务	职业能力	知识、技能、态度要求	教学活动设计	学时
1	酒店财务管理基本知识	43－01、44－02－02、63－02－02、63－02－03	1. 了解酒店财务管理的本质、职能和主要内容； 2. 掌握酒店财务管理的目标分析方法； 3. 了解酒店财务管理的宏观、微观环境对酒店的影响	认知酒店财务管理的基本知识； 分析酒店财务管理的宏观、微观环境对酒店的影响	4

续上表

序号	学习任务	职业能力	知识、技能、态度要求	教学活动设计	学时
2	酒店资金筹集与投资管理	30－03－01、30－03－02	1. 掌握酒店资金的时间价值计算方法； 2. 掌握酒店资金筹集的渠道、特点和要求； 3. 掌握项目投资的决策评价指标	判断酒店资金的时间价值；选择酒店资金筹集方式；分析评价项目投资	10
3	酒店营运资金管理	57－05－05	1. 掌握现金管理的决策方法及其应用； 2. 掌握应收账款管理的决策方法及其应用	测定最佳现金持有量；制定合理的应收账款信用政策	14
4	酒店财务控制与财务预算	13－01、30－02、30－03、57－06－03	1. 酒店价格确定和收入成本控制； 2. 酒店客房、餐饮成本费用控制； 3. 酒店预算组织和编制程序； 4. 酒店预算编制的方法	对酒店客房和餐饮进行定价；控制酒店的成本支出；编制酒店的财务预算	14
5	酒店财务分析	43－01、62－02	1. 酒店财务分析基本方法及其相互比较分析； 2. 酒店各财务分析指标； 3. 目前酒店行业财务报表分析中存在的问题及如何应对	分析酒店目前的财务状况； 分析和应对财务报表中的问题	12
合计					54

注：“职业能力”栏目下的职业能力编码与本书“附录1. 现代学徒制酒店管理专业职业能力分析表”中的编码对应。

八、资源开发与利用

（一）教材编写与使用

教材编写必须依据本课程标准编写，要征求行业、企业的意见，进行广泛研讨，选用教材还应充分体现能力引领、以工作过程为导向的课程设计理念。除此之外，教材应力求体现以下特点：以职业活动为导向，注重与酒店行业的紧密结合，尽可能融入当前酒店行业的需求和最新变化，突出财务操作技能和管理方法的训练，课程内容尽可能取材于学徒职业岗位活动和实际工作流程。

教材内容的编写根据酒店业发展需要以及完成岗位实际工作任务所需要的知识、能力、素质要求选取，除了包括案例导入与相关理论知识，为完成工作任务提供必需的相关知识，同时还包括能力训练和思考与练习，引导学生进一步开展实训。

（二）数字化资源开发与利用

（1）利用现代信息技术开发幻灯片、投影片、录像带、视听光盘等多媒体课件，通过搭建多维、动态、活跃、自主的课程训练平台，使学生的主动性、积极性和创造性得以充分调动。同时联合各校开发多媒体课件，努力实现跨校多媒体资源的共享。

（2）积极利用电子书籍、电子期刊、数字图书馆、各大网站等网络资源，使教学内容从单一化向多元化转变，使学生知识和能力的拓展成为可能。

（三）企业岗位培养资源的开发与利用

以酒店学徒岗位为依托，吸收酒店财务骨干人员纳入课程教学团队。同时，利用合作酒店现有的工作环境和设备满足学生实训和实习的需要，并关注学生职业能力的发展和教学内容的调整。

本课程专任教师应具备酒店管理、市场营销专业或相关专业研究生及以上学历，并拥有高等职业学校教师资格证书，提倡专任教师至少具有一年及以上酒店网络营销的实践经验。

九、教学建议

本课程结合学生的实际情况，教学中建议灵活采用对比教学法、案例教学法等多种教学方法。教学中充分利用网络资源、投影、多媒体等现代化的教学手段。教学中可根据实际情况对教学内容和教学学时做出适当调整。

十、课程实施条件

本课程提倡创造“教、学、做”一体化教学环境，设施应该包括具备上网功能的电脑（供学生进行资料查阅）、可移动桌椅（供学生分组讨论）。

本课程建立“双导师”课程团队，专任教师应具有相关专业研究生及以上学历，具有丰富的教学经验，熟知相关财税法律法规。企业导师也应具备良好的组织能力、沟通能力、协调能力、团队协作精神和亲和力，提高学生学习效率，更好地培养学生的创新能力和独立工作能力。

十一、教学评价

本课程结合课程特色，采用过程性评价与终结性评价相结合的考核评价方式，强调目标评价和理论与实践一体化评价，引导学生改变死记硬背的学习方式，注重培养学生动手能力和分析、解决问题的能力（见表2－27）。

表2－27　教学考核内容与标准

序号	考核形成	评价标准	权重/%
1	过程性评价	平时作业完成情况16%，课堂表现、出勤、学习态度8%，实务训练、各岗位模拟实训等16%	40
2	终结性评价	采用闭卷考试的形式，主要考核基本概念、基础知识和基本核算方法。其中基本理论与基本知识考核30%，会计实务操作技能考核30%	60
合　计			100

附：酒店财务管理课程结构鱼骨图（见图2－14）。

（撰稿人：谢连聪、严燕红）

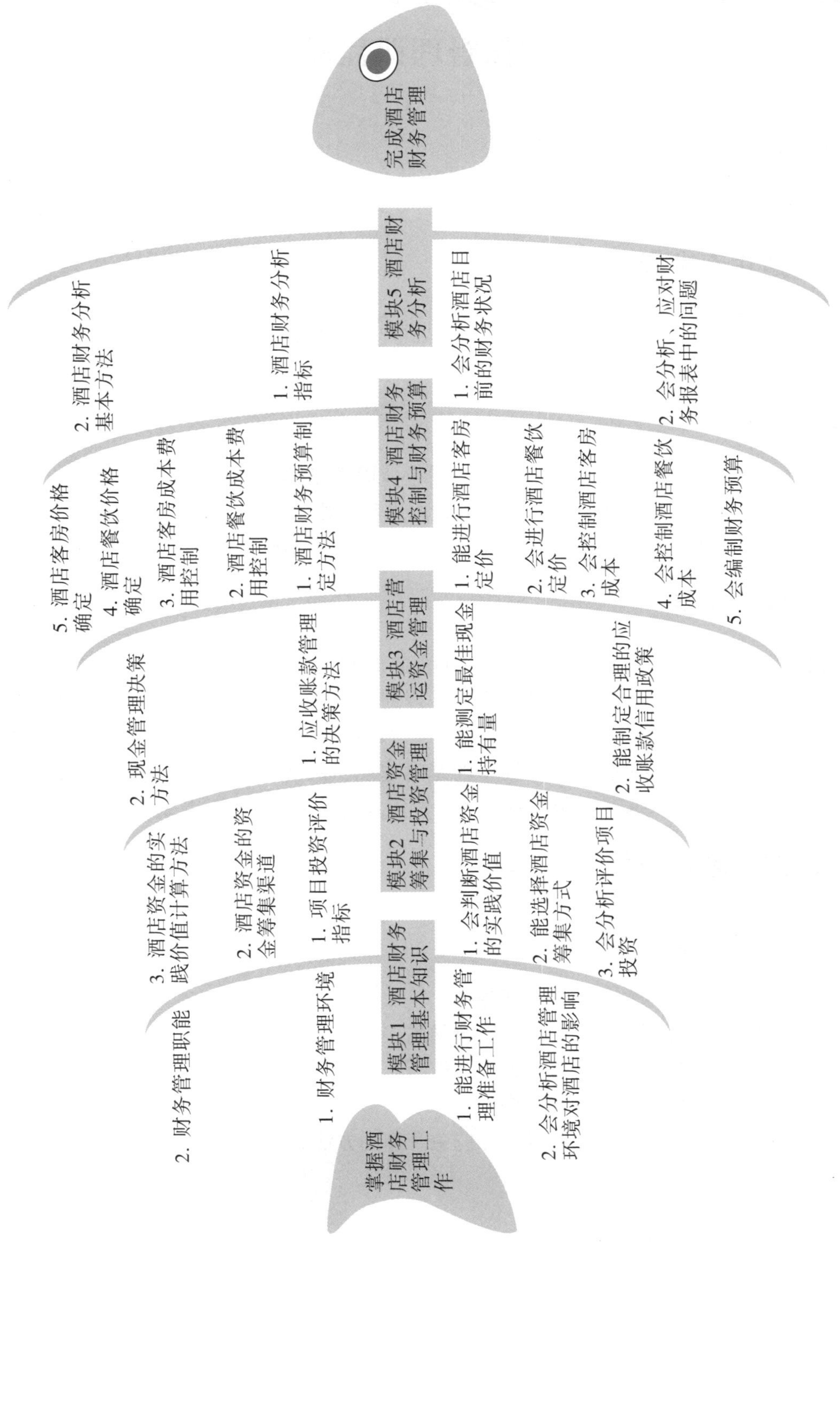

图2-14　酒店财务管理课程结构鱼骨图

酒店安保管理课程标准

一、课程名称

酒店安保管理。

二、适用专业及面向

本课程适用于酒店管理专业。主要面向酒店前厅部、餐饮部、客房部的领班、主管和经理等岗位。

三、课程性质

本课程是现代学徒制酒店管理专业的一门企业限选学徒岗位能力课程。通过课程学习，学生能全面掌握安全管理中的基本原理、原则和方法，了解目前饭店业在日常经营、生产和管理过程中可能存在的各种危险及应该采取的预防措施。

四、课程设计

课程内容的编排和组织主要以饭店业实际生产过程中所遇到的安全管理问题为主线，以饭店基层管理岗位的实际安保任务为引领，以迪拜朱美拉集团帆船酒店、碧桂园凤凰城酒店等中外高星级、有代表性的国际酒店人员安保管理手册为实际依据进行案例化、项目化教学，使学生全面掌握安全管理中的基本原理、原则和方法，了解目前饭店业在日常经营、生产和管理过程中可能存在的各种危险及应该采取的预防措施。

五、课程教学目标

（一）知识目标

（1）熟悉酒店业安保管理的法律法规。
（2）熟悉酒店业各部门常见的生产安全隐患。
（3）掌握酒店各部门的安全管理原则及技巧。
（4）熟悉职业健康安全管理的原则。
（5）了解安保危机管理与预防及安保应急管理的方法和技巧。

（二）能力目标

（1）掌握安全管理所需的企业管理、企业生产运作管理的基本概念，理解企业（饭店业）所处的法律法规环境。

（2）掌握安全事故致因理论的基本内容。

（3）掌握安保事件应急处理的方法和安保事故调查的基本流程和相关技巧。

（三）素养目标

（1）培养安全经营、安全生产的意识。
（2）培养对外公关意识和团队协作精神。
（3）具备沟通与交流能力。
（4）具备信息处理能力。
（5）具备应急应变能力。

六、参考学时与学分

参考学时：36学时。
参考学分：2学分。

七、课程结构（见表2-28）

表2-28　酒店安保管理课程结构

序号	学习任务（单元、模块）	职业能力	知识、技能、态度要求	教学活动设计	学时
1	安全管理学绪论	70-06-02、70-06-04、70-06-07	1. 了解安全管理学的理论基础； 2. 掌握事故致因理论； 3. 了解酒店安全管理常用方法； 4. 掌握安全管理计划和控制方法	讨论、提问引入教学活动；讲授为什么学习本课程、学什么和怎么学的问题；课程基本理论问题引入	4
2	饭店业安全生产法律法规及标准规范	70-09-04、70-09-09	1. 了解我国针对饭店业安全经营生产的法律法规、企业（酒店）/行业标准及地方性规章； 2. 了解职业安全健康管理体系	讨论、提问引入教学活动；学生上网了解我国针对安全生产的最新法律法规；学生总结近5年饭店业常见的安全生产事故，并找出原因；讲解职业健康安全管理体系的发展和概要	4

续上表

序号	学习任务（单元、模块）	职业能力	知识、技能、态度要求	教学活动设计	学时
3	房务部安保管理	26－01、26－02	1. 了解酒店房务部门安保管理的原则、职责和方法； 2. 熟悉现代酒店业住客讯息管理系统； 3. 掌握酒店房务部门（前厅部、客房部）常见安全事故的发生原因及应急处理方法； 4. 掌握酒店安保部门与属地公安机构的沟通程序与方法； 5. 酒店黑名单的建立与管理	案例引入；理论讲授：酒店房务部门常见安全问题与事故的发生原因及解决原则、方法；讲解酒店业常用宾客讯息管理系统；学生头脑风暴，分组举例说明酒店房务部门潜在发生的安保问题及解决方法；学生使用电脑操作，掌握至少一套宾客讯息管理系统的使用方法	10
4	餐饮（后厨）部安保管理	35－2－3、35－2－5、35－2－6、35－3－10、36－01－01、36－01－02、42、43	1. 熟悉食品安全中重大危险源的辨识与管理方法； 2. 掌握安全生产与职业健康的原则，掌握酒店餐厨部门常见安全事故的应急处理方法	案例引入；理论讲授：酒店餐饮（后厨）部门常见安全问题；影响食品安全的重大危险源的辨识与管理方法；请学校食堂经理或酒店负责食品安全及公共卫生的管理人员做讲座，以专业人士的实战管理经验与学生分享	10
5	事故调查与处理	70－09－04、70－09－09、	1. 掌握事故调查的步骤； 2. 掌握事故的应急处理方法； 3. 掌握事故调查报告的编制	理论讲授：如何进行事故调查；案例讲解：事故应急处理的方法；事故调查报告的编制；学生分组编写事故调查报告	4
6	事故预防与控制	70－09－04、70－09－09	1. 了解事故预防和控制的基本原则； 2. 掌握事故的预防对策	理论讲授：事故防控的方式方法；案例讲解：事故防控的对策	4
合　计					36

注：“职业能力”栏目下的职业能力编码与本书“附录 1. 现代学徒制酒店管理专业职业能力分析表”中的编码对应。

八、资源开发与利用

（一）教材编写与使用

使用的教材要适合一体化教学的需要，教材内容应包含以下内容：《安全管理学》的基本概念、我国针对酒店（餐饮）行业颁布的相关法律法规及国际酒店行业所制定的行业标准。在编写过程中，应充分发挥校企合作、“双元”育人的优势，以行业为依托，以合作的酒店企业为平台，结合企业日常经营管理中所遇到的问题进行组织和编写。

（二）数字化资源开发与利用

数字化资源的开发，必须严格按照本课程的设计思路，开发与教材、教学相匹配的数字化资源。可以采用视频、演示文稿、文档、动画等多种形式，建立教学资源库。

（三）企业岗位培养资源的开发与利用

（1）建议应充分利用合作企业的平台，将酒店企业安保部门的实际经营管理工作任务引入课堂，选取企业典型安保事件作为案例教学。

（2）若条件允许，应聘请酒店（餐饮）企业中层以上管理人员作为企业导师，为学生分享行业内一线的管理、实操经验与心得。

九、教学建议

（1）案例教学：通过组织真实案例学习和分析，提高学生对问题的理解能力、分析能力，并培养学生解决问题的能力。

（2）讨论式与小组游戏教学：针对需解决问题或行业颇有争议的问题，安排小组讨论，并进行陈述，大家再一起讨论、分析和评价，这样可使每个学生都有兴趣积极参与，活跃课堂气氛，培养了自学的能力。同时，注重通过小组游戏和集体作业设计以培养学生团队意识。

（3）启发式教学：充分地发挥讲授法集中传授系统知识、重点突出、明确等优点，同时融入启发、提问等多种方法及多媒体教学手段的应用，使讲授法更充实、有效。

十、课程实施条件

（一）师资条件

积极与校内外专兼职教师友好合作，发挥不同教师的业务专长，具有合理知识结构和职业能力的教师或者具有“双师”素质的教师更适合本门课程的教学工作。

（二）设备条件

本课程提倡“理实一体化”的教学环境，使用多媒体教室及真实的岗位训练环境，以利于教师向学生直观地展示典型案例及现场仿真教学，提高学生的职业技能。

十一、教学评价

本课程采用平时评价、项目评价相结合的考核评价方式，平时评价占比 20%，项目评价占比 80%，共计 100 分。平时评价以出勤及课堂表现为主；项目评价采取课堂分组完成工作项目、案例分析及课后作业三种形式，注重学生的学习态度和过程评价，以全面、综合地评定学生能力及学习效果。

附：酒店安保管理课程结构鱼骨图（见图 2－15）。

（撰稿人：余孟君、朱石群、韦统翰）

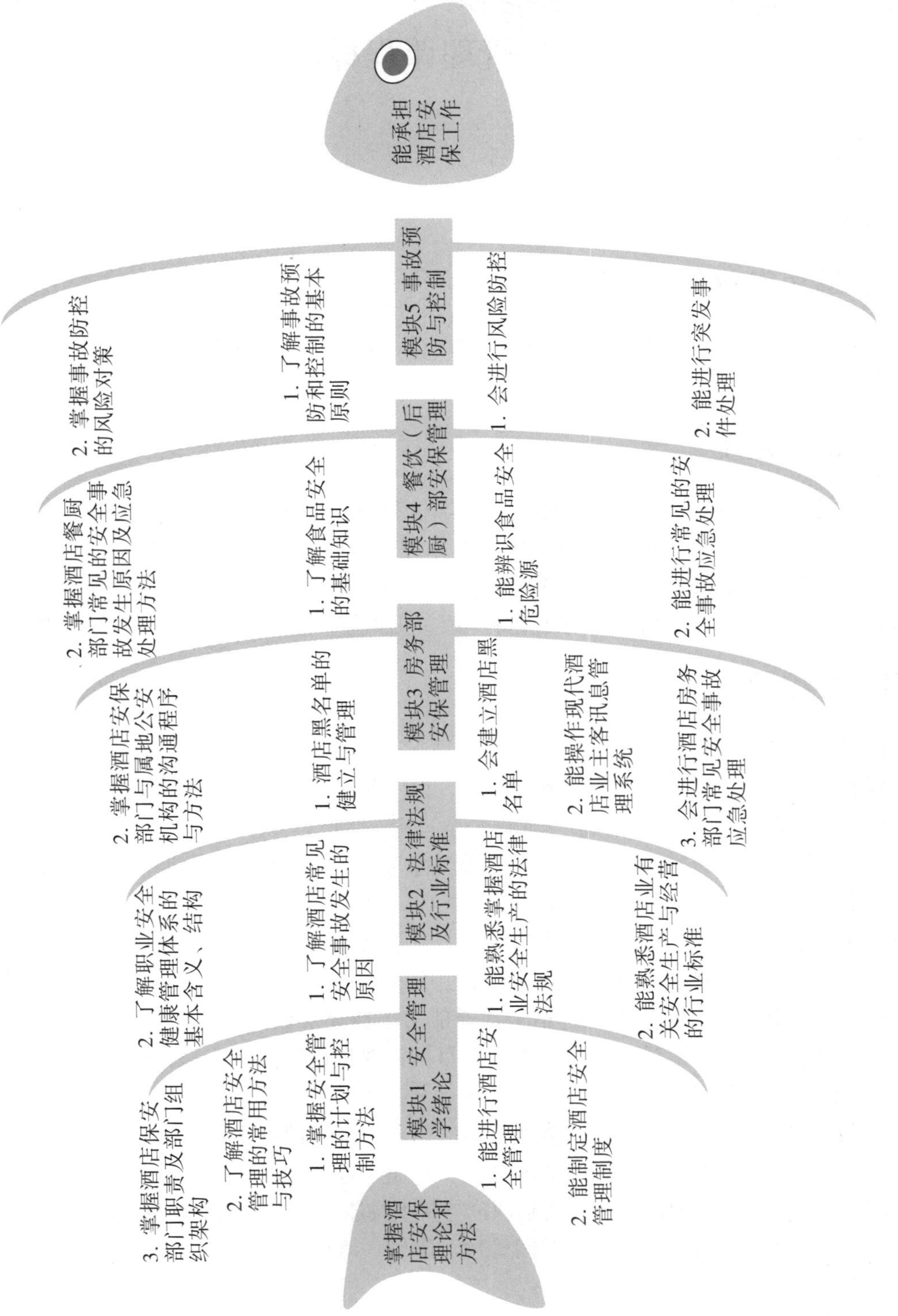

图2-15　酒店安保管理课程结构鱼骨图

酒店督导管理课程标准

一、课程名称

酒店督导管理。

二、适用专业及面向岗位

本课程适用于酒店管理专业。主要面向前厅部、餐饮部、客房部的领班、主管、经理等岗位。

三、课程性质

本课程是现代学徒制酒店管理专业的一门学校和企业限选学徒岗位能力课程。通过本课程的学习，学生能够掌握营运督导的基本原理，运用适当的沟通技能与领导艺术，结合酒店的实际情况领导、管理员工并实施有效激励，结合酒店部门的基本营运标准和具体管理实务，制订员工的培训计划并指导一线员工工作，并形成有效合力的团队建设。

四、课程设计

本课程按照现今酒店业岗位的任职要求，遵循“工学结合、项目导向、任务驱动”的现代职业教育理念，以典型工作任务为载体，以工作过程为导向，重构课程内容体系和知识序列，创设学习情境，融入教学实施的全过程。

课程主要培养学生关键性职业素质（包括沟通与团队合作、督导协调能力）以及专业性职业素质（专业技能、职业管理能力）：

（1）基于企业调研，实现课程内容选取与职业素质评价要求相符合。基于企业调研与专家访谈，本专业构建了基于企业需求与学生个人发展的酒店管理专业职业素质评价体系与标准，其中关键性职业素质包括了沟通能力、督导协调能力、团队协作能力等，这些素质与能力要素正是本门课程的重点培养目标，课程设计围绕培养目标选取教学模块与内容，同时加强课程实践性。

（2）基于项目导向，实现能力与素养特质的培养。本门课程主要培养学生在基层督导岗位的督导能力，培养具有良好的个人修养、职业风范及现场管理能力的高素质酒店管理人才，主要运用现代酒店管理的基础理论与基本技能，让学生明确督导角色与权责，懂得督导管理中运用到的沟通艺术、时间管理、激励、培训与团队建设的方法，并从中培养以上素养特质。

学生普遍缺乏实际岗位工作经验，对酒店行业只有初步认识，很难理解基层督导领导艺术，单纯讲授督导知识及按传统笔试考核很难让学生达到本门课程的学习效果与教学目标，因此，通过对企业人员、督导人员应具备能力的调查与研究，确定了达成酒店企业要求的督导能力应所具备的个人职业素质与特质要素，包括沟通能力、评价与配置能力、解决问题能力以及时间管理、团队协作、培训、团队建设能力等，本课程重点围绕这几方面的要素与能力进行理论与实践培养。

五、课程教学目标

（一）知识目标

（1）掌握饭店基层与中层督导的职能与角色职责、相处技巧。
（2）掌握沟通的技巧、时间管理技巧与方法、领导风格特征、团队建设方法。
（3）掌握针对员工的人员配置、招聘、培训、激励、考评的方法与技巧。

（二）能力目标

（1）具备熟练的饭店服务技巧和带领员工一起完成工作并进行有效组织管理的能力。
（2）能结合酒店实际情况，合理安排工作开展次序并有效组织完成。
（3）能正确考评团队成员，懂得分析成员个性与特点，合理配置成员工作，选择相应的沟通方式、时间管理方法，实施有效的激励措施。
（4）能制订一线员工培训计划并指导一线员工工作。
（5）具备自主学习饭店管理新知识、新技术的能力。
（6）具备通过各种媒体资源查找所需信息的能力。
（7）具备良好的沟通能力，能在团队中融洽共处，共同完成工作，提出个人解决问题的见解。

（三）素养目标

（1）具备较强的语言表达、沟通和协调能力。
（2）具有良好的团队合作精神。
（3）具有从基层做起、从大局出发的职业意识和踏实肯干的工作作风。
（4）具有服从、敬业、负责、合作、创新的职业素质和能承受压力、宽容大度、善良诚信的职业修养。
（5）具有主动、热情、耐心的服务意识。

六、参考学时与学分

参考学时：54 学时。
参考学分：3 学分。

七、课程结构（见表 2－29）

表 2－29　酒店督导管理课程结构

序号	学习任务（单元、模块）	职业能力	知识、技能、态度要求	教学活动设计	学时
1	督导的管理职能	70－04	1. 了解本门课程的学习内容与主旨； 2. 了解管理层次与原则	通过提问和讨论的方式引入课程；讲授为什么学习本课程、学什么和怎么学的问题；课程基本理论问题引入	6
2	人际沟通	70－01、70－03、70－06	掌握督导对自己、对上司、对员工、对客人的职责与沟通技巧	案例引入；讲授有效沟通的方法；讨论如何发出别人更容易接受的指令；分组模拟主持例会	8
3	领导艺术	70－01、70－06、70－08	1. 掌握四种主要的领导艺术风格特点； 2. 知道提升督导领导素质的方法； 3. 了解员工对权力的接受方式； 4. 掌握有效运用权力的方法	案例引入；讲授四种主要的领导风格；讨论提升督导素质的方法；讲授员工对权力的接受方式；讲授有效运用权力的方法	8
4	时间管理	70－06、70－07	1. 知道管理与使用时间的方法； 2. 掌握确定要事与急事的标准； 3. 掌握五步授权法； 4. 了解减压方法	案例引入；讨论赢得时间的技巧；讲授划分和处理办事次序；讨论如何调配他人的时间	6
5	激励、考评、员工配置	70－01、70－03、70－05、70－06	1. 掌握酒店员工考评的方法； 2. 掌握员工配置方式与方法； 3. 熟悉激励方法与考虑因素	案例引入；讲授员工考评的方法；现场小组进行员工配置；讨论激励方法和考虑因素	10

续上表

序号	学习任务（单元、模块）	职业能力	知识、技能、态度要求	教学活动设计	学时
6	培训	64－01、64－02、65－02、68－02	1. 掌握培训的类型、作用； 2. 了解培训师的素质要求； 3. 掌握培训方法要领	讲授培训的类型和作用；讨论培训师的素质要求；小组讨论培训方法要领	8
7	团队建设	63－03、66－01、70－01、70－05	1. 了解团队建设的类型； 2. 熟悉团队建设的阶段特点； 3. 掌握团队建设各阶段督导所起的作用与相应方法； 4. 掌握团队建设的维护方法	案例引入；讨论团队建设的类型；讲授团队建设各阶段督导所起的作用与相应方法；小组讨论团队建设的维护方法	8
合　计					54

注：“职业能力”栏目下的职业能力编码与本书“附录1．现代学徒制酒店管理专业职业能力分析表”中的编码对应。

八、资源开发与利用

（一）教材编写与使用

（1）应依据本课程标准编写和选用教材。

（2）教材应充分体现能力引领、以工作过程为导向的课程设计理念。

（3）教材应以酒店各部门典型的岗位工作任务为驱动，通过基本知识、案例模拟和课后拓展作业等多种手段，采用与工作流程相结合的方式来组织编写。

（二）数字化资源开发与利用

数字资源的开发，是为了更好地学习本课程，因此在开发数字化资源的过程中，必须严格按照本课程设计的思路，开发与教材、教学相匹配的数字化资源。

从形式上看，数字化资源可采用视频、演示文稿、文档、动画等多种形式，这些资源可以采用精品资源共享课和网络课的形式实现共享。

（三）企业岗位培养资源的开发与利用

通过进行企业见习、素质拓展、文化周活动举办，在实际工作中、文化活动组织中体会、学习、总结、实践和运用所学知识。

九、教学建议

（1）案例教学：通过组织真实案例学习和分析，提高学生对问题的理解能力、分析能力，并培养学生解决问题的能力。

（2）讨论式与小组游戏教学：针对需解决问题或行业颇有争议的问题，安排小组讨论，并进行陈述，大家再一起讨论、分析和评价，这样可使每个学生都有兴趣积极参与，活跃课堂气氛，培养学生的自学能力。同时，注重通过小组游戏和集体作业设计以培养学生团队意识。

（3）启发式教学：充分地发挥讲授法集中传授系统知识、重点突出等优点，同时融入启发、提问等多种方法及多媒体教学手段的应用，使讲授法更充实、有效。

十、课程实施条件

本课程采取与企业共建的方式实施教学，共建课程模块和课程的实践基地。在实训室中引入酒店企业的企业文化，营造仿真工作环境和企业氛围，并选择一些课程模块直接放在企业的工作实际程序进行训练。

建立“双导师”课程团队，由企业导师和校内导师共同授课。既拥有具备扎实的理论功底和与时俱进的理念、具备一定企业实践经历的专业教师，又聘请部门总监职位的企业专家进行授课，以加强理论知识与岗位技能的教学，满足现代学徒的成长需要。

十一、教学评价

本课程采用过程性评价和终结性评价相结合的考核评价方式（见表 2－30）。

表 2－30 教学考核内容及标准

评价形式	评价内容		权重/%
过程性评价	出勤情况	无故旷课超过 3 次，该项分数为零，迟到或早退作适当扣分	10
	学习态度	考查学生在课堂上能否主动与教师进行互动，而且能与小组成员进行有效沟通与密切配合，完成教师布置的任务	10
	作业	完成教师布置的各项作业，关注作业数量和质量	10

续上表

评价形式	评价内容		权重/%
终结性评价	期末考试	笔试（闭卷）：考查各单元的知识点	20
	综合实训考核	小组完成情况：教师给各组完成情况打分，各组互评，两种评分平均后为本项最后综合得分	30
		团队活动的参与度、学生本人的团队参与协作度	20
合 计			100

附：酒店督导管理课程结构鱼骨图（见图2-16）。

（撰稿人：陈瑞萍、朱石群、郭盛晖）

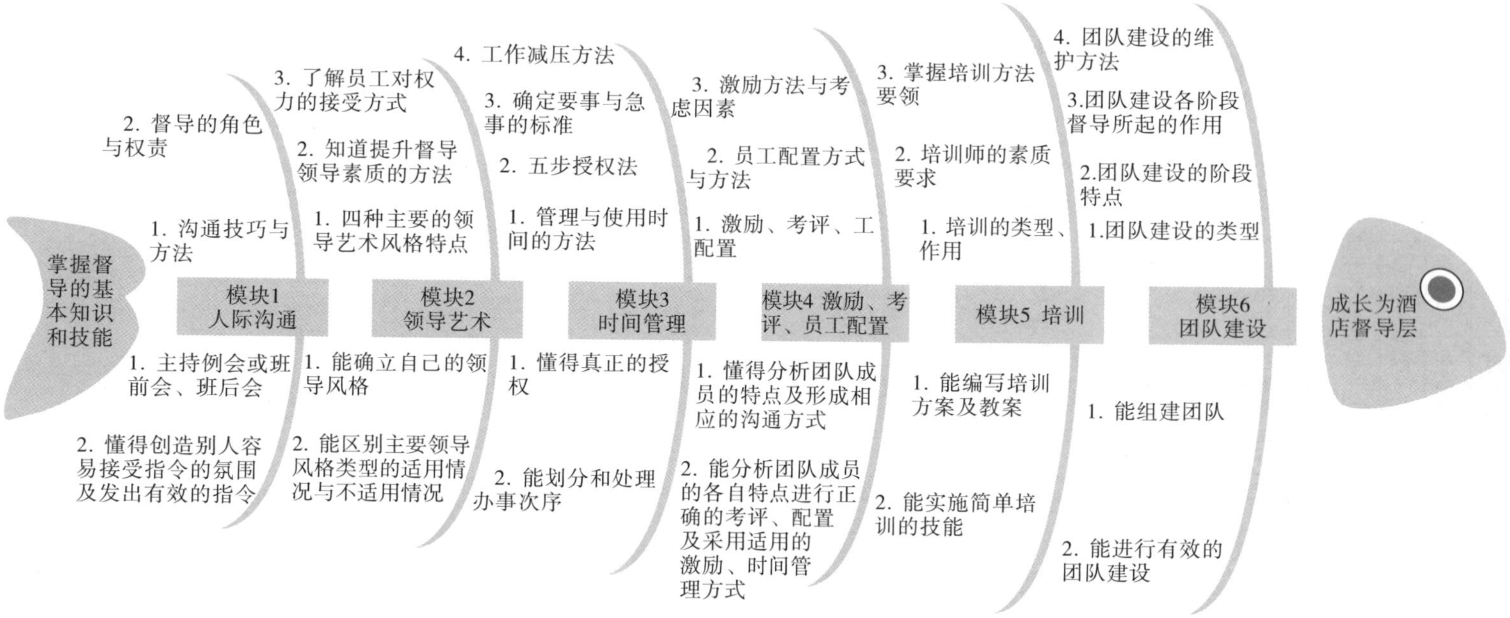

图2-16 酒店督导管理课程结构鱼骨图

酒店信息系统应用课程标准

一、课程名称

酒店信息系统应用。

二、适用专业及面向岗位

本课程既适用于酒店管理专业，又适用于旅游管理专业。主要面向前厅部、客房部、餐饮训的领班、主管和经理岗位等岗位。

三、课程性质

本课程是现代学徒制酒店管理专业的一门学校和企业限选学徒岗位能力课程。通过本课程的学习，学生能够了解有关信息系统（information system，IS）、管理信息系统（management information system，MIS）方面的基础知识，并在此基础上深入了解旅游信息、酒店管理信息系统（hotel management information system，HMIS）的概念，开发酒店管理系统的步骤以及应考虑的相关因素，熟悉掌握酒店（饭店）管理信息系统的基本操作，学会运用目前应用比较广泛的酒店电子商务、网络预订进行网上在线酒店业务的操作与在线营销服务，为从事酒店管理职业奠定基础。

四、课程设计

课程总体设计的思路是：根据广东省酒店对人才需求和高职教育对人才培养目标的定位，以酒店管理专业的教学培养目标为出发点，强调培养学生的未来可持续发展能力。课程在对毕业生、酒店调研基础上，分析酒店典型工作任务与素质能力，形成课程典型的学习任务。

课程教学内容围绕酒店日常工作典型工作任务开展，从酒店信息系统概述、Fidelio/Opera 系统概览、客户资料管理与维护（profils）、预订（reservations）、前台（front desk）接待入住与在店客人服务、收银结账（cashier check）、夜审（night audit）与房务管理（rooms management）、酒店信息系统其他应用等几个方面，将酒店系统应用中所需的知识、能力、素养有机整合，以培养学生的职业能力。

本课程改变以往的传统课程教学模式，与酒店合作进行基于工作过程的开发与设计，实施项目化教学与任务驱动型教学，该课程的内容主要突出开放性、实践性要求，理论知识以适度、够用为原则，重点在实践操作。

五、课程教学目标

（一）知识目标

（1）掌握管理学、信息学和信息系统的基本理论。

（2）掌握计算机基础知识及网络基础知识。

（3）掌握数据库相关技术及管理信息系统（MIS）的开发方法及管理方法。

（4）初步了解酒店各部门的运行机制。

（5）了解因特网在酒店信息管理中的应用（包括现代酒店的网站建设、网络营销、电子商务）。

（6）了解现代信息管理手段（供应链管理、客户关系管理、企业资源规划、决策支持系统、酒店收益管理等）在酒店业中的应用。

（7）掌握酒店管理软件的操作流程。

（二）能力目标

（1）了解酒店信息系统基本概念（定义与分类），掌握酒店信息系统发展现状（国内外常用酒店信息系统软件）。

（2）掌握酒店信息系统 Fidelio/Opera 主要模块与功能。

（3）能够根据酒店的要求对酒店信息系统中的客户资料进行维护与管理。

（4）能够根据客人要求为客人进行客房预订、取消预订、激活预订等操作。

（5）能够要求客人特殊要求与酒店工作要求为客人办理入住登记（收取押金）、在店服务与离店结账等。

（6）能够根据酒店实际情况及时进行夜审操作、及时修改房间的房态信息，减少差异房率，提高工作效率为客人提供更具个性化服务。

（三）素养目标

（1）通过运用信息技术解决酒店日常工作问题，培养学生信息化素养。

（2）通过酒店日常运用中客人预订、入住登记、收银结账等操作培训做事认真、勤奋、严谨的工作作风与态度。

（3）通过对酒店客户资料管理与维护操作，培养学生严格遵守公司的规章制度、保守公司秘密的职业道德。

六、参考学时与学分

参考学时：72 学时。

参考学分：4 学分。

七、课程结构（见表2－31）

表2－31　酒店信息系统应用课程结构

序号	学习任务（单元、模块）	职业能力	知识、技能、态度要求	教学活动设计	学时
1	酒店信息系统概述	02－02－01、03－02－01、07－02－05	1. 了解酒店信息系统基本概念（定义与分类）； 2. 掌握酒店信息系统发展现状（国内外常用酒店信息系统软件）； 3. 酒店信息系统主要模块与功能	上网查询常见酒店前台管理系统（property management system，PMS）； 通过网络查询常见PMS供应厂商的资料	4
2	Fidelio/Opera系统概览	07－02－06	1. 熟悉Fidelio/Opera系统的启动、自检、登录、注销与退出操作； 2. 熟悉Fidelio/Opera系统的主界面、功能区域的划分； 3. 理解PMS系统时间与实际时间的关系	启动Fidelio/Opera系统，按要求登录、注销与退出操作； 根据要区分系统的主要功能区域	6
3	客户资料管理与维护（Profiles）	24－03、03－02	1. 理解Fidelio/Opera系统中中英文名的区别； 2. 了解Fidelio/Opera系统中客户资料的分类； 3. 掌握客户资料（profiles）的新建（new）、查找（search）、修改（edit）以及删除（delete），合并（merge）操作	按要求在系统中录入指定客户的资料； 按要求查找、更新某个客户资料	10

续上表

序号	学习任务（单元、模块）	职业能力	知识、技能、态度要求	教学活动设计	学时
4	预订（reservations）	05-02-01	1. 理解预订（reservation）与个人客户资料（individual profiles）的关系； 2. 熟练掌握新建协议客人预订操作，理解客户资料中合同价格（Ctrct. Rate）与价格代码（rate code）之间的关系； 3. 能够根据客人需求进行预订新建、修改、取消、激活的操作	按要求在系统中为特定客户预订指定日期的特定客房； 按要求查询并修改某个特定客户的预订资料	12
5	前台（front desk）接待入住与在店客人服务	05-03-07	1. 能够办理基本入住（预订日入住、提前入住、无预订入住），并理解入住与预订的关系； 2. 熟悉入住时房间分配（派房）的基本方法； 3. 能够办理取消入住（cancel C/I）和换房（room move）操作； 4. 深入理解客人与客房状态的转化流程； 5. 能够运用PMS进行消息传递	根据要求为客人办理入住手续； 根据相关要求为客人办理取消入住手续； 运用PMS为客人开展留言服务	14
6	收银结账（cashier check）	35-03-11	1. 能够进行预订保证金、入住押金的收取； 2. 能够查看账户进行抛账、账目修改与冲销； 3. 能够操作正常结账离店（check out）与提前离店（early departure）以及三种操作方式（check out/early departure，interim bill、advance bill）； 4. 收银特殊情况处理[同客分账、同客人账目转移、账目调整、劈账（split，拆账）]	按酒店要求在预订时录入保证金与在入住时收取入住押金； 为酒店在住客人进行账户抛账、账目修改等处理； 为即将离店的客人办理收银结账与离店手续； 请为客人提前办理结账手续	14

续上表

序号	学习任务（单元、模块）	职业能力	知识、技能、态度要求	教学活动设计	学时
7	夜审（night audit）与房务管理（rooms management）	18－01－01	1. 能够根据企业要求进行夜审操作，理解夜审对酒店的重要作用； 2. 能够根据酒店客房部日常工作要求对系统中房态进行及时修改； 3. 了解酒店差异房功能及差异房产生的原因	根据企业的要求在规定的时间进行系统夜审操作； 为酒店客房部修改指定房间的房态信息	6
8	酒店信息系统其他应用	28－02、51－03－05	1. 能够了解使用者日志内容； 2. 能够对酒店系统中各种接口（电子计费系统、网络、信用卡）情况进行分析； 3. 能够打印各种报表； 4. 掌握数字酒店与数字化管理最新应用； 5. 了解未来酒店信息化应用核心与发展趋势	根据要求查看本日操作与使用者日志； 能够按酒店运营要求打印各种报表，了解各种报表的含义； 能够根据现代酒店业发展技术预测酒店信息化未来应用趋势	6
合　计					72

注：“职业能力”栏目下的职业能力编码与本书“附录1. 现代学徒制酒店管理专业职业能力分析表”中的编码对应。

八、资源开发与利用

（一）教材编写与使用

编写配套教材要根据本课程标准，充分体现项目化课程设计思路，项目选取科学、合理，形成系列项目，让学生在完成特定项目过程中提高信息化应用能力；教材要求突出职业性和实践性，针对职业岗位所需的知识和能力结构组织教学内容，以培养学生职业素质和职业能力，遵循高职学生认知规律，各项目设计内容突出实用性、突出主题，具有可操作性。教材应用以学生为本，内容展现形式多样、图文并茂，文字表述简明扼要，符合高职学生认识水平，提高教材的可读性。

（二）数字化资源开发与利用

可围绕课程结构中各学习任务内容，开发立体数字化资源，提供每一个实训项目的企业应用原型素材、学生实训效果样例展示图、各部分操作要点、微课视频展示、核心知识点讲解视频、历届学生作品展示等，形成立体化的数字教学资源。

（三）企业岗位培养资源的开发与利用

建议充分发挥校企合作优势，将酒店前台与房务管理的日常工作任务引入到课堂中来；如条件允许，应充分利用企业拥有 Opera 或 Fidelio 软件的优势，把教学现场直接放到企业，让学生在实际工作中学中做、做中学。

九、教学建议

（1）项目驱动法。在每个教学单元中设计一系列酒店信息系统的实训项目，实施"项目驱动教学法"，使学生在完成特定实际项目工作的过程上学习相应的知识，锻炼相应能力。

（2）案例教学法。理论基础知识教学过程中引入一些常用的案例以帮助学生理解掌握，比如说，在介绍酒店预订功能时，引入案例"渠道管理与 PMS 价格管理"讲解酒店中不同预订价格（散客前台价、企业内部协议价、网络预订价），这样用案例法进行教学可以激发学生的学习兴趣，引导学生思考，提高教学效果。

（3）分组讨论教学法。讨论教学法是一种非常有效的教学方法，在该课程的教学过程中，在运用酒店信息系统进行相关操作之后，组织同学们展开讨论使用该系统的感受，以及提出一些建议。

（4）讲解演示教学法。在课程教学中，针对具体的操作教学，需通过教师的讲解与演示，这样可使学生对教学内容有了深刻的感性认识，让学生们觉得耳目一新，激发好奇心，产生学习的兴趣。

（5）角色扮演法。在课程教学中，先由老师给出一定的需要解决的问题或案例，由学生扮演其中的角色（如预订部预订员、前台接待员、前台收银员、客房部文员），设身处地地分析与解决问题，以提高学生解决实际问题的能力。

十、课程实施条件

教学设施设备：机房 1 间，学生人手 1 台电脑，有互联网，至少安装 Fidelio/Opera 系统软件，建立若干家紧密合作型的酒店供学生校外实训和调研考察。

本课程专任教师应具备本专业或相关专业研究生及以上学历，并拥有高等职业学校教师资格证书，并具有信息系统应用工作经验。条件许可，应聘请酒店前厅、房务部门中层以上管理人员担任本课的企业导师。

十一、教学评价

本课程评价以学生为中心，突出考核的激励与反馈功能，采取过程性考核方式，通过各种不同的评价形式激发学生学习的积极性，提高教学效果。注重学生教学评价主体的多元性，包括教师、学生、企业行业人员多方参与，结合学生日常学生的态度、各项目训练等实际操作情况，从多方面综合评价学生的学业成绩。

本课程的过程性评价占总分100%，主要考核学生的学习态度和实践操作能力。实践操作主要采用机试形式，重点考核学生参与实训项目的数量与质量、实训操作的速度与精准确度。具体见表2－32。

表2－32　教学考核内容及标准

序号	考核项目	考核标准	权重/%
1	学习态度	主要考核学生的出勤课堂纪律，其中出勤占10%，请假一次扣2分，无故旷课一次扣5分，迟到早退一次扣1分，直到全部扣完。课堂表现占20%，参加演示一次加10分，参与讨论与回答问题一次加2分，其他可根据实际情况进行加分	30
2	实践操作能力	按课程项目实训成果完成的数量与质量进行评价，评价分数实行百分制，各个项目评价形式、内容和权重可根据项目特点确定，有的项目是学生、教师、企业人员共同评分加权计算，有的是教师与学生评分。最后根据总项目的完成数量和质量以及权重进行加权计算得出总分	70
合　计			100

附：酒店信息系统应用课程结构鱼骨图（见图2－17）。

（撰稿人：杨香花、黄之德、潘艳玲）

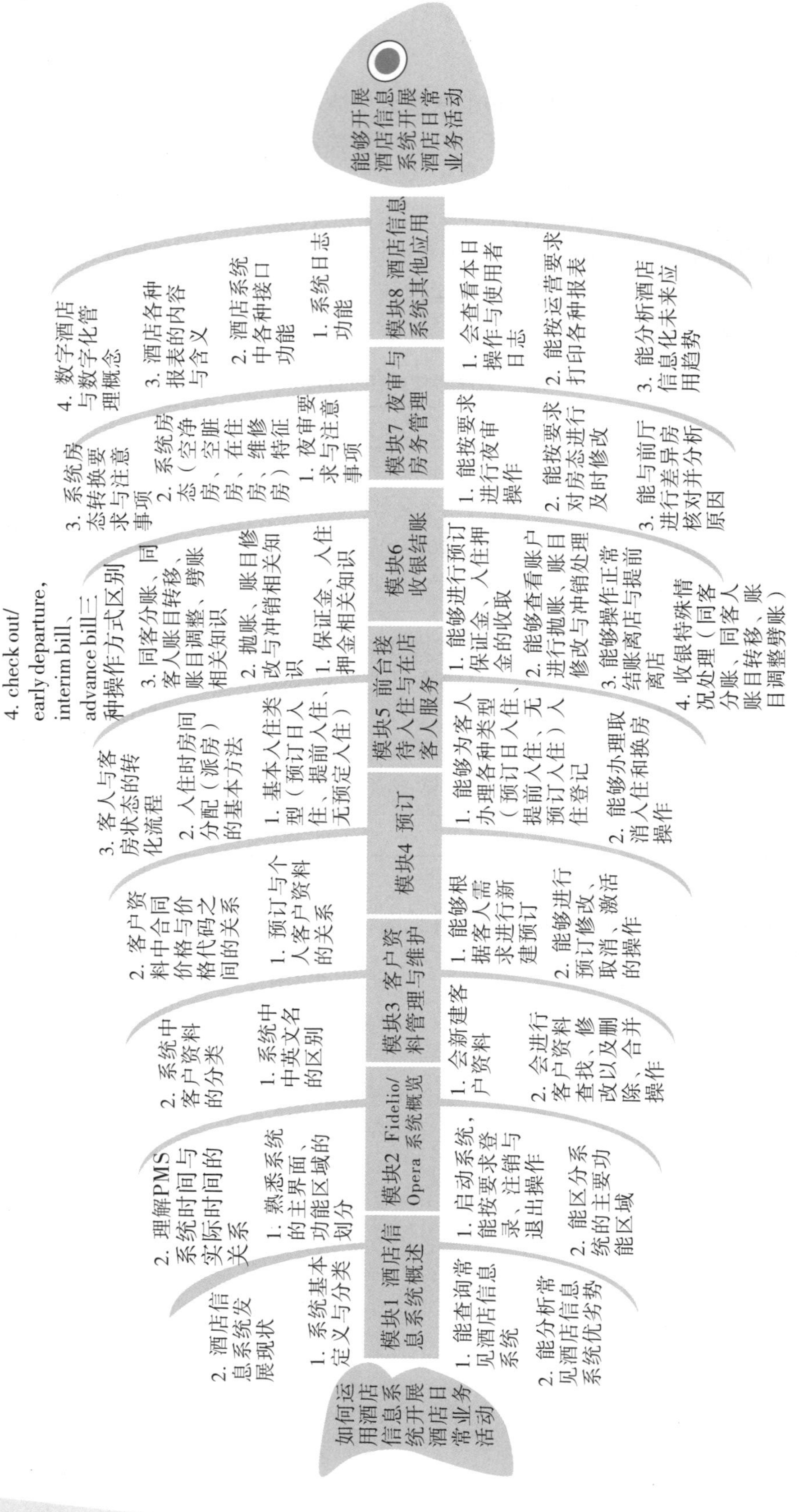

图2-17 酒店信息系统应用课程结构鱼骨图

酒店网络营销课程标准

一、课程名称

酒店网络营销。

二、适用专业

本课程既适用于酒店管理专业，又适用于旅游管理专业。主要面向前厅部、餐饮部、客房部的领班、主管、经理等岗位。

三、课程性质

本课程是现代学徒制酒店管理专业的一门学校和企业限选学徒岗位能力课程。通过本课程的学习，学生能系统掌握网络营销的基本原理和方法，从而在实践中帮助酒店进行有效的网上经营活动，使酒店能切实以顾客为导向，灵活掌握运用网络营销的基本工具和方法，开展网络营销各项职能，为酒店成功营造网络经营活动空间，提高酒店网络经营管理水平，最终成为受市场欢迎的具有实际操作能力的应用型专门人才。

四、课程设计

课程总体设计的思路是：根据广东省酒店类企业对人才需求和高职教育对人才培养目标的定位，以酒店管理专业的教学培养目标为出发点，强调学生的未来可持续发展能力。课程在对毕业生、酒店调研基础上，分析酒店典型工作任务与素质能力，形成课程典型的学习任务。

课程教学内容围绕各酒店开展网络营销活动典型工作任务开展：包括酒店网络市场调研，酒店网络营销组合策略分析，酒店搜索引擎营销，酒店电子邮件营销，酒店 RSS、博客与微信营销，酒店网络广告营销等 6 个任务。每个任务既包括网络营销基本技能的训练，也涵盖了学生自主创业实践；既有团队合作完成的内容，又有各自独立完成的任务，以培养学生的职业能力。

在教学模式上，改变以往的传统课程教学模式，与酒店合作进行基于工作过程的开发与设计，实施项目化教学与任务驱动型教学。该课程的内容主要突出开放性、实践性要求，理论知识以适度、够用为原则，重点在实践操作。

五、课程教学目标

（一）知识目标

（1）理解并掌握酒店网络营销的基本方法及基本概念。

（2）能够熟练使用网络营销工具进行酒店的各项活动。
（3）能够充分理解酒店网络营销的概念，掌握网络的应用方法。
（4）理解营销环境的变化。
（5）理解网络广告的具体应用。

（二）能力目标

（1）能够完成酒店网络市场调研方案设计。
（2）能够完成酒店网站推广方案设计。
（3）能够对酒店网络市场分析与策划，如市场细分、定位、进入技能等。
（4）能够实施酒店网络营销项目，如酒店网络产品与服务定位、定价、网络沟通等。
（5）能够开展酒店产品微博、微信、微视营销活动。

（三）素养目标

（1）具有信息化素养。
（2）具有做事认真、勤奋、严谨的工作作风与态度。
（3）学会共处，提高团队协作能力。
（4）能够学以致用。

六、参考学时与学分

参考学时：36 学时。
参考学分：2 学分。

七、课程结构（见表 2－33）

表 2－33　酒店网络营销课程结构

序号	学习任务（单元、模块）	职业能力	知识、技能、态度要求	教学活动设计	学时
1	酒店网络市场调研	51－02、70－07	1. 了解网络营销的概念和特点以及网络营销与传统营销的区别与联系； 2. 了解网络营销环境因素与网络市场特点； 3. 了解网上消费者行为	设计酒店产品网络调查问卷与实施网站调查； 分析酒店产品网络市场情况； 分析酒店产品消费者行为情况	4

续上表

序号	学习任务（单元、模块）	职业能力	知识、技能、态度要求	教学活动设计	学时
2	酒店网络营销组合策略分析	57－05	1. 了解网络消费者与传统消费者的区别； 2. 熟悉网络酒店产品价格制定的方式和网络渠道模式； 3. 熟悉网络促销形式及各种网络促销形式的特点	设计酒店产品策略营销价格； 设计酒店产品网络营销渠道； 设计酒店产品网上促销策略	6
3	酒店搜索引擎营销	70－03－04	1. 了解搜索引擎的基本原理、分类及特点； 2. 熟悉搜索引擎营销的主要模式； 3. 熟悉搜索引擎关键字竞价排名服务	登录搜索引擎查询酒店关键字投放情况； 选择酒店产品关键字； 对酒店进行搜索引擎优化	6
4	酒店电子邮件营销	70－03－04	1. 了解许可电子邮件的概念及邮件地址的获得方式； 2. 了解邮件列表营销的实施过程，以及问卷数据收集、分析方法； 3. 熟悉电子邮件广告的形式	设置电子邮件开展内部邮件列表营销； 设计酒店产品电子邮件内容与群发电子邮件	8
5	酒店 RSS、博客与微信营销	33－02－03	1. 了解 RSS 营销的特点和优势，RSS 与邮件列表的区别与联系； 2. 熟悉博客及博客营销的概念与主要模式； 3. 熟悉微信营销的概念、优秀与主要模式	使用 RSS 获取酒店产品商业信息； 开通网络博客撰写酒店产品博文（营销软文）； 开通酒店微信公众号撰写酒店产品推文	8

续上表

序号	学习任务（单元、模块）	职业能力	知识、技能、态度要求	教学活动设计	学时
6	酒店网络广告营销	49－02	1. 了解网络广告的概念、类型和特点； 2. 熟悉网络广告收费模式及网络广告投放策略； 3. 了解网络广告的评价标准	酒店产品网络广告的欣赏与评价； 酒店网络广告策划与投放	4
合　计					36

注："职业能力"栏目下的职业能力编码与本书"附录1. 现代学徒制酒店管理专业职业能力分析表"中的编码对应。

八、资源开发与利用

（一）教材编写与使用

编写配套教材要根据本课程标准，征求行业、企业的意见，进行广泛研讨，在企业需求、培养目标和学生实际基础上创建"公共面"，注意和前后课程的连贯性、一致性，各项活动设计要具有可操作性；充分体现项目化课程设计思路，项目选取科学、合理，形成系列项目，让学生在完成特定项目过程中提高网络营销应用能力；教材要求突出职业性和实践性，针对职业岗位所需的知识和能力结构组织教学内容，以培养学生职业素质和职业能力；遵循高职学生认知规律，各项目设计内容突出实用性、突出主题，具有可操作性。教材应用以学生为本，内容展现形式多样、图文并茂，文字表述简明扼要，符合高职学生认识水平，提高教材的可读性。

（二）数字化资源开发与利用

可围绕课程结构中各学习任务内容，开发立体数字化资源，建立网络营销教学网站：内容包括教学大纲、授课教案、电子课件、在线学习、网上答疑、实训大纲、实训项目、学生创业成果、学生实践成果、案例库、主讲教师教学录像、参考文献、学习站点、虚拟实验室、营销顾问等。

（三）企业岗位培养资源的开发与利用

积极与合作企业共同开发并更新课程资源，定期向企业获取实际相关案例，归类并应用于教学过程，并尝试将优秀学生作品推荐给酒店使用。

九、教学建议

教师应深入研究学生，用各种方式激励学生，不断鼓励学生战胜自己，超越自我；推行研究性学习、合作学习，创设工作情境，采用现代化教学手段和实用教具、学具，组织学习比赛，激发学生学习的兴趣；进行学习方法指导，使学生会学；加强课程资源的开发和利用，建立多媒体课程资源库，努力实现多媒体资源共享。

（1）项目驱动法。在每个教学单元中设计一系列旅游企业电子商务的实训项目，实施“项目驱动教学法”，使学生在完成特定实际项目工作的过程上学习相应的知识，锻炼相应能力。

（2）分组教学法。讨论教学法是一种非常有效的教学方法，分小组实施项目教学时，建议每组人数控制在4~5人以内。对分组安排的小组讨论（或操作）的要求，应做出明确规定。

十、课程实施条件

教学设施设备：机房1间，学生人手1台电脑，有互联网，最好有网络营销实验室（计算机+互联网+实验软件）或者企业具备相应条件的培训室。

本课程专任教师应具备酒店管理、市场营销专业或相关专业研究生及以上学历，并拥有高等职业学校教师资格证书，提倡专任教师至少具有一年及以上酒店网络营销的实践经验。

十一、教学评价

本课程评价以学生为中心，突出考核的激励与反馈功能，采取形成性考核方式，由过程性评价与终结性评价构成，通过各种不同的评价形式激发学生学习的积极性，提高教学效果。注重学生教学评价主体的多元性，包括教师、学生、企业行业人员多方参与，结合学生日常学生的态度、各项目训练等实际操作情况，从多方面综合评价学生的学业成绩。

本课程的过程性评价占总分100%，主要考核学生的学习态度和实践操作能力，实践操作主要采用机试形式，重点考核学生参与实训项目的数量与质量、实训操作的速度与精准确度。具体见表2-34。

表2-34　教学考核内容及标准

序号	考核项目	考核标准	权重/%
1	学习态度	主要考核学生的出勤课堂纪律，其中出勤占10%，请假一次扣2分，无故旷课一次扣5分，迟到早退一次扣1分，直到全部扣完。课堂表现占20%，参加演示一次加10分，参与讨论与回答问题一次加2分，其他可根据实际情况进行加分	30

续上表

序号	考核项目	考核标准	权重/%
2	实践操作能力	按课程项目实训成果完成的数量与质量进行评价，评价分数实行百分制，各个项目评价形式、内容和权重可根据项目特点确定，有的项目是学生、教师、企业人员共同评分加权计算，有的是教师与学生评分。最后根据总项目的完成数量和质量以及权重进行加权计算得出总分（具体见表2－35）	70
合　计			100

其中，实践操作能力考核内容主要由以下几个方面构成（见表2－35）。

表2－35　实践操作能力考核内容

序号	工作任务	评价方式	评价内容	权重/%
1	酒店网络市场分调研报告	个人自评（30%） 教师评价（30%） 企业人员（40%）	据市场特点以及消费者分析，确定产品消费者群以及特点，形成报告	10
2	酒店网络促销方案	个人自评（30%） 教师评价（30%） 企业人员（40%）	结合自选企业情况，进行促销策划完成网络促销方案	20
3	酒店搜索引擎营销方案	个人自评（30%） 教师评价（30%） 企业人员（40%）	根据企业需求完成搜索引擎营销方案	10
4	酒店电子邮件营销策划方案	个人自评（30%） 教师评价（30%） 企业人员（40%）	撰写酒店电子邮件营销策划方案	10
5	酒店微信营销推广撰写	个人自评（30%） 教师评价（30%） 企业人员（40%）	在微信上发布酒店产品营销策划情况的推广	10
6	酒店网络广告策划	个人自评（30%） 教师评价（30%） 企业人员（40%）	分组设计网络广告方案，制作PPT，在课堂进行汇报	10
合　计				70

附：酒店网络营销课程结构鱼骨图见（图2－18）。

（撰稿人：杨香花、黄之德、潘艳玲）

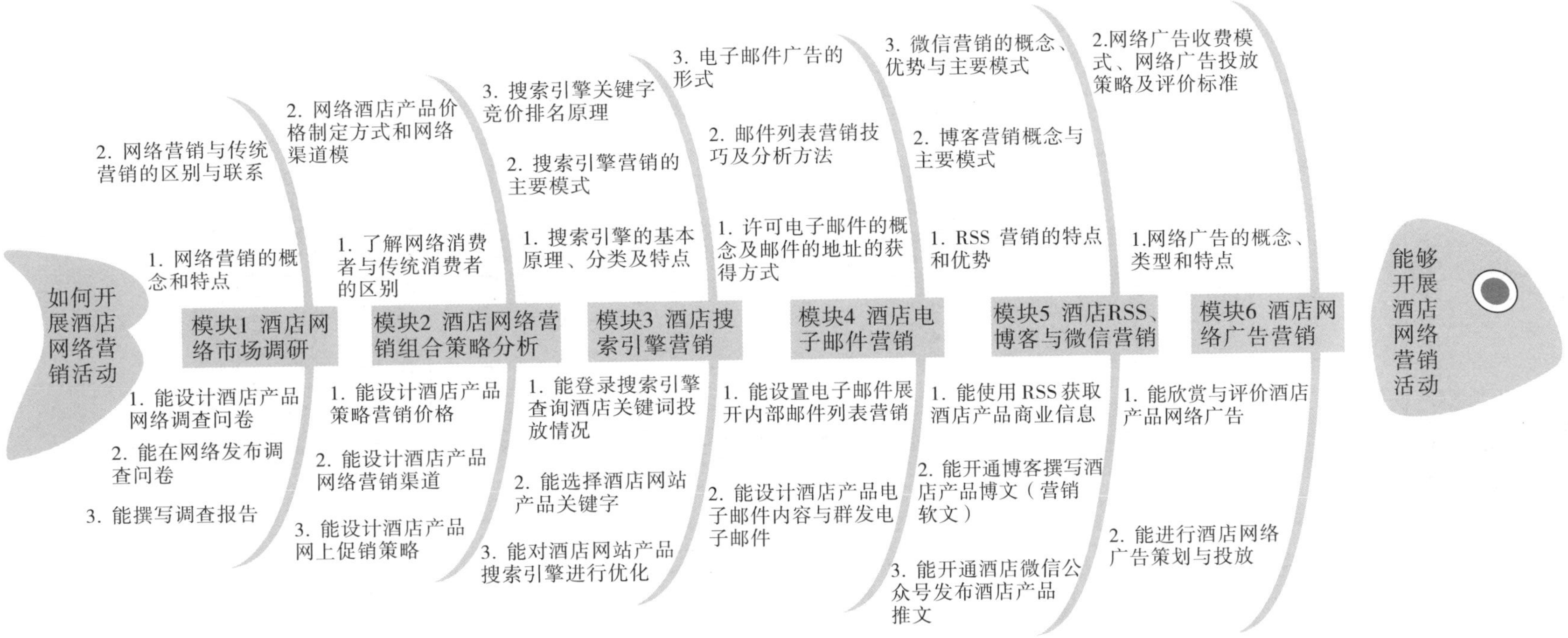

图2-18 酒店网络营销课程结构鱼骨图

附　　录

1. 现代学徒制酒店管理专业职业能力分析表

工作项目/职业素养		工作任务/职业素养分类		职业能力（知识、技能、方法、工具、要求）		学习水平 高职 Lj
01	礼宾	01－01	行李寄存	01－01－01	指导询问客人讯息（贵重物品、危险物品等）	L2
				01－01－02	指导整理、运送团队客人行李	L2
				01－01－03	认真检查行李存放保管是否合理，督促礼宾员主动帮客人运送行李	L2
				01－01－04	保障客人行李的安全	L2
				01－01－05	督查行李物品分类摆放（如礼宾用品、客人行李等）	L2
				01－01－06	检查行李存放保管是否合理	L2
		01－02	礼宾租车	01－02－01	了解车费付款方式（能判断潜在风险）	L2
				01－02－02	指导员工进行机场接送（熟悉客人航班号、到达时间等）	L2
				01－02－03	跟进客人的满意度	L2
		01－03	迎客服务	01－03－01	督促员工使用正确的迎宾用语/肢体语言	L2
				01－03－02	负责检查员工仪容仪表，督导员工做好班前准备，指导其服务态度和行为举止，控制服务质量	L2
				01－03－03	及时传达更新酒店的重要信息资料，保证所属员工知晓有关酒店内外的重要事件，帮助下属解决工作中遇到的难题，处理工作差错和事故	L2
				01－03－04	督促迎宾员主动为上下车的客人抄录出租车车牌号，开关车门，并将抄录的卡片交给客人	L2
				01－03－05	督促员工配合保安员及时疏导门前的车辆，确保门前交通畅通	L2
				01－03－06	重要客人的引领服务	L2
				01－03－07	专梯服务（VIP① 服务）	L2

① VIP：Very Important Person，贵宾。

续上表

工作项目/职业素养		工作任务/职业素养分类		职业能力（知识、技能、方法、工具、要求）		学习水平 高职 Lj
01	礼宾	01－04	其他	01－04－01	准确判断并执行客人要求	L2
				01－04－02	掌握与客人交流的技巧（使用中英文）	L2
				01－04－03	督导员工做好酒店各部门和客人报刊、电报、传真、邮件的接收和分发工作	L2
				01－04－04	协助主管对其下属员工进行业务知识、操作技巧和外语培训	L2
				01－04－05	警惕大堂出现的可疑人物，负责所处区域的防盗、防火安全工作	L2
02	商务服务	02－01	文书管理	02－01－01	能操作办公自动化及各种办公设备	L2
				02－01－02	具备外语和文秘的相关知识	L2
				02－01－03	熟悉各种服务项目的收费标准	L2
		02－02	票务管理	02－02－01	指导操作酒店应用系统营业点及模块	L2
				02－02－02	指导机票、船票、车票等的预订	L2
				02－02－03	指导票务系统的操作	L2
				02－02－04	指导员工辨别人民币真伪	L2
				02－02－05	审核、校对代客人输入的文稿、表格和翻译函	L2
		02－03	督导与保障	02－03－01	检查员工的工作质量，确保为客人提供准确高效的服务	L2
				02－03－02	督促员工为客人提供收发信件、长途电话、电传、上网、复印、打字、制表、排版、翻译信函等秘书性服务工作	L2
				02－03－03	检查工作设备的使用，定期组织进行清洁保养，维护高雅的营业环境	L2
				02－03－04	通晓商务中心工作程序和设施设备的操作，能熟练操作电脑	L2
				02－03－05	及时补充必备物品，申报设备维修	L2

续上表

工作项目/职业素养		工作任务/职业素养分类		职业能力（知识、技能、方法、工具、要求）		学习水平 高职 Lj
03	前厅部领班维护宾客关系	03－01	受理宾客投诉	03－01－01	掌握顾客投诉处理程序及处理技巧	L2
				03－01－02	调查并处理有关客人的投诉	L2
		03－02	建立整理客史档案	03－02－01	掌握酒店系统应用	L2
				03－02－02	建立酒店住客档案讯息	L2
		03－03	突发事件处理	03－03－01	掌握酒店不同类型突发事件的处理程序及技巧	L2
				03－03－02	能够进行一定程度的急救	L2
04	前台接待	04－01	散客/团队入住	04－01－01	掌握住宿治安登记系统	L2
				04－01－02	辨别证件（身份证、护照等）、信用卡	L2
				04－01－03	掌握前台应用系统	L2
				04－01－04	管理客房钥匙	L2
				04－01－05	掌握客人入住服务标准流程	L2
				04－01－06	处理客人所订房间类型及按照特殊要求安排房间	L2
		04－02	散客/团队退房	04－02－01	掌握退房服务程序	L2
				04－02－02	掌握系统账务的处理	L2
		04－03	贵重物品寄存	04－03－01	核对住客信息	L2
				04－03－02	熟悉贵重物品的寄存程序	L2
				04－03－03	掌握贵重物品保险箱的数量、规格及使用方法	L2
				04－03－04	处理保险箱钥匙丢失或逾期存放等问题	L2
		04－04	外币兑换	04－04－01	掌握外币兑换种类及当日牌价	L2
				04－04－02	掌握外币兑换单的填写	L2
				04－04－03	辨别外币的真伪	L2
		04－05	夜审	04－05－01	掌握系统夜审工作的流程	L2
				04－05－02	掌握前台各种报表的制作方法	L2
		04－06	VIP 客人入住/退房	04－06－01	关注 VIP 客人抵店及在店期间的各项服务	L2
				04－06－02	提前做好 VIP 客人离店的各项服务	L2
				04－06－03	掌握 VIP 客人接待等级分级方法	L2
				04－06－04	做好 VIP 客人住店工作	L2
				04－06－05	做好 VIP 客人离店工作（如结账、安排车辆、送别等）	L2

续上表

工作项目/职业素养		工作任务/职业素养分类		职业能力（知识、技能、方法、工具、要求）		学习水平 高职 Lj
05	前台管理	05－01	基本业务管理	05－01－01	熟悉前台的销售内容与销售程序	L2
				05－01－02	督导员工按章办事的能力	L2
				05－01－03	编制预订处员工的排班表，协助主管做好本部员工的业务培训工作，帮助员工提高业务技能	L2
				05－01－04	制作各种统计分析报表	L2
		05－02	预订业务	05－02－01	受理客人预订，及时做好记录，输入电脑系统	L2
				05－02－02	检查预订资料，调整和检查预订内容，整理客史档案	L2
				05－02－03	熟悉合同价格，准备各类预订统计报表，追查预订未到原因，为特殊预订封存房间	L2
				05－02－04	监督并参与预订工作，掌握预订技巧，提高房间销售额	L2
				05－02－05	负责制作、保存和分送周报表、月报表，反映房间订房情况	L2
				05－02－06	帮助员工处理疑难问题，及时处理投诉	L2
				05－02－07	通晓预订工作程序，能准确地操作酒店管理系统	L2
		05－03	接待业务	05－03－01	监督和参与前台接待工作，及时检查下属员工处理事务的结果，发现问题及时纠正	L2
				05－03－02	帮助下属解决工作中遇到的难题，处理工作差错和事故	L2
				05－03－03	检查员工仪容仪表，督导员工做好班前准备工作	L2
				05－03－04	指导员工的服务态度和行为举止，控制工作进度、服务质量	L2
				05－03－05	及时传达更新酒店的重要信息资料，保证所属员工知晓有关酒店内外的重要事件	L2
				05－03－06	负责接待处员工的排班工作，协助接待主管进行员工业务培训、督导和考核	L2
				05－03－07	熟悉酒店电脑管理系统，熟知前台接待、收银操作程序	L2

续上表

工作项目/职业素养		工作任务/职业素养分类		职业能力（知识、技能、方法、工具、要求）		学习水平 高职 Lj
06	协助前厅部经理工作	06－01	服从与替代	06－01－01	遵守前厅部制定的规章及按架构向直属上司汇报	L3
				06－01－02	服从并准时完成上级分配的工作	L3
				06－01－03	替代前厅经理完成其放假或缺席时的工作	L3
		06－02	协助制定部门制度及工作程序	06－02－01	协助制定接待处、订房部的规章制度、工作程序	L3
				06－02－02	协助制定总机、商务中心的规章制度、工作程序	L3
				06－02－03	负责制定礼宾组的规章制度、工作程序	L3
				06－02－04	负责编制部门员工的排班表	L3
		06－03	协助执行制度	06－03－01	协助落实和妥善执行一切规章制度	L3
				06－03－02	协助制定员工的出勤、纪律行为及工作表现要求并做记录	L3
				06－03－03	协助指导员工掌握正确服务程序	L3
07	前厅部的处理业务	07－01	掌握业务信息	07－01－01	掌握客房预订情况和当天的客情	L3
				07－01－02	掌握客房出租率和平均房价等业务信息	L3
				07－01－03	根据当天离店和抵店情况，最大限度地销售即时客房	L3
				07－01－04	掌握整个酒店的房类分布情况	L3
				07－01－05	掌握酒店 VIP 客人入住状况，及时将信息传达给下属员工	L3
				07－01－06	掌握当日房间出租状态及客人预订信息	L3
				07－01－07	掌握酒店房型、房价、房态	L3
				07－01－08	处理超额预订及其他问题	L3
				07－01－09	全面掌握酒店住客信息	L3
				07－01－10	调查客人反馈意见并分享到酒店相关职能部门	L3
				07－01－11	及时收集、整理、储存、更新、提供酒店的重要信息资料，保证所属员工知晓酒店内外的重要事件	L3

续上表

工作项目/职业素养		工作任务/职业素养分类		职业能力（知识、技能、方法、工具、要求）		学习水平 高职 Lj
07	前厅部的处理业务	07－02	熟悉业务	07－02－01	熟悉前台业务要求和程序	L3
				07－02－02	熟悉酒店的各项服务及设施	L3
				07－02－03	熟知当地各重要服务机构的地址、营业项目和时间	L3
				07－02－04	熟悉本部门的各项工作程序和有关业务规定	L3
				07－02－05	熟悉酒店运转体系，熟悉酒店各分部的基本运作流程	L3
				07－02－06	熟悉酒店电脑管理系统，熟知前台接待、收银、订房操作程序	L3
		07－03	督导部门业务	07－03－01	检查团队、重要客人和预订客人的排房情况	L3
				07－03－02	留意客人的账务，确保所有客人的挂账要求符合酒店规定	L3
				07－03－03	检查接待和预订工作的必备品及设备的使用情况，及时补充必备品，申报设备维修	L3
				07－03－04	检查接待处物品的摆放，保持柜台清洁整齐，保证房卡的控制和存盘单一致	L3
				07－03－05	面对提出特殊要求的客人，及时联系相关部门为其提供个性化服务	L3
				07－03－06	检查接待处和订房部编制的各种统计分析报表	L3
				07－03－07	检查住客房间信息及账务	L3
				07－03－08	了解下属工作能力，合理安排工作	L3
				07－03－09	监督员工的仪容仪表、操作规范，控制服务质量	L3
				07－03－10	严格检查和监督电信保密制度的实施，维护顾客利益	L3
				07－03－11	及时发现问题、解决难题	L3

续上表

工作项目/职业素养		工作任务/职业素养分类		职业能力（知识、技能、方法、工具、要求）		学习水平 高职 Lj
08	前厅部主管维护宾客关系	08－01	统筹处理宾客投诉	08－01－01	调查并处理有关客人对接待处的投诉	L3
				08－01－02	处理属下范围内客人的投诉	L3
				08－01－03	建立宾客投诉档案	L3
				08－01－04	能够和酒店各部门协调配合处理各类投诉	L3
				08－01－05	懂得宾客投诉处理程序与技巧	L3
		08－02	VIP 接待	08－02－01	掌握 VIP 客人的信息（国籍、喜好、停留时间、风俗习惯等）	L3
				08－02－02	安排 VIP 房间并通知相关部门	L3
				08－02－03	做好 VIP 客人抵店前的准备工作（房卡、欢迎信、鲜花、水果的准备等）	L3
				08－02－04	安排 VIP 客人抵店及在店期间的服务和行程	L3
				08－02－05	检查当日抵店的 VIP 客人订房信息	L3
				08－02－06	熟悉 VIP 客人的接待程序与接待标准	L3
				08－02－07	发现 VIP 客人入住需及时通知宾客关系经理，特别重要的客人直接报告前厅部经理、总经理	L3
				08－02－08	接待重要客人和大型团队时，亲自组织门前的服务工作，保证提供有序、高效的服务，确保顾客安全和满意	L3
		08－03	整理客史档案	08－03－01	懂得客史档案整理的知识与技能	L3
				08－03－02	具备发现客人细节并不断总结的能力	L3
				08－03－03	合并及整理系统历史住客信息	L3
		08－04	加强与宾客沟通	08－04－01	了解宾客心理需求，善于与宾客打交道	L3
				08－04－02	熟记常客和重要客人的姓名、相貌特征及个人需求	L3
				08－04－03	主动招呼再次光临的客人，最大限度地争取“回头客”	L3
				08－04－04	学会灵活运用沟通、协调的方法	L3
				08－04－05	掌握沟通协调的程序	L3
				08－04－06	做好团队、会议和重要客人的接待服务工作	L3

续上表

工作项目/职业素养		工作任务/职业素养分类		职业能力（知识、技能、方法、工具、要求）		学习水平 高职 Lj
09	前厅部员工管理	09－01	培训员工	09－01－01	制订员工的培训计划	L3
				09－01－02	具备培训知识与培训技能，能实施业务培训和考核	L3
				09－01－03	负责对员工进行业务培训、督导、考核，不断提高员工的业务水平和服务质量	L3
				09－01－04	保证服务人员任何时候都按行为规范工作	L3
				09－01－05	跟踪培训效果的技能	L3
		09－02	人才发展计划	09－02－01	了解员工职业规划方向	L3
				09－02－02	培养与发展有潜力的员工	L3
		09－03	督导员工	09－03－01	督导员工，负责培训、招募员工，对违纪员工提出处理意见	L3
				09－03－02	督导员工做好酒店各部门和客人报刊、传真、邮件的接收和分发工作	L3
				09－03－03	掌握语言沟通技巧，指导员工开展工作	L3
				09－03－04	帮助下属解决工作中遇到的难题，处理工作差错和事故	L3
10	其他日常工作	10－01	主持会议	10－01－01	召开每日例会并下达上级的指令，确保每位员工清楚明确	L3
				10－01－02	能有效控制会场	L3
				10－01－03	了解会议流程及会议的主要内容	L3
		10－02	前厅安全保障	10－02－01	具备前台设备应用常识及设备维护的基础知识	L3
				10－02－02	协调、沟通与电信部门和酒店有关部门的关系，确保通信系统的正常运行	L3
				10－02－03	密切与工程部合作，定期检修和保养各分部机器设备	L3
				10－02－04	负责下属部门设备的申领、补充工作，安排每月部门的备用品使用	L3
				10－02－05	警惕大堂出现的可疑人物，负责所处区域的防盗、防火安全工作	L3
				10－02－06	具备成本控制意识	L3
		10－03	报表管理	10－03－01	熟悉前厅部所有报表的制作	L3
				10－03－02	负责制作各种业务报表	L3

续上表

工作项目/职业素养		工作任务/职业素养分类		职业能力（知识、技能、方法、工具、要求）		学习水平 高职 Lj
11	主持前厅部日常工作	11－01	主持会议	11－01－01	主持召开前厅的部门例会	L4
				11－01－02	传达上级布置的前厅工作要点	L4
				11－01－03	听取前厅各部门的工作汇报，解决难题	L4
				11－01－04	布置前厅各部门的工作任务	L4
		11－02	管理日常工作	11－02－01	与各前厅部门的主管商讨新建立的策略，以增加营业额，减低成本	L4
				11－02－02	报表管理	L4
				11－02－03	检查部门工作进度	L4
				11－02－04	加强与管家、财务、销售、工程、餐饮等部门的横向联系，确保酒店服务的一致性	L4
				11－02－05	抽查服务质量，纠正偏差	L4
				11－02－06	定期组织检查消防器具，做好通缉协查、防火、防盗工作	L4
				11－02－07	撰写年度总结报告	L4
				11－02－08	每天要巡视和检查所管理的范围，确保安全	L4
12	制度修订	12－01	建立制度	12－01－01	制定前厅部的经营管理制度	L4
				12－01－02	制定前厅服务标准和操作流程	L4
				12－01－03	健全岗位职责、规章制度和程序	L4
				12－01－04	建立前厅部的工作责任制	L4
		12－02	制订计划	12－02－01	编制并组织实施部门年度预算	L4
				12－02－02	制订前厅各部门的月度、年度工作计划	L4
				12－02－03	策划和制订各项客务计划	L4

续上表

工作项目/职业素养		工作任务/职业素养分类		职业能力（知识、技能、方法、工具、要求）		学习水平 高职 Lj
13	经营管理	13－01	控制成本	13－01－01	掌握客房的预订和销售情况	L4
				13－01－02	掌握酒店产品及周边旅游资源的信息	L4
				13－01－03	有效控制客房销售及住房比例的合理分配	L4
				13－01－04	根据授权给予客人必要的折扣和优惠，保证最佳的住房率和平均房价，以获取最大经营收益	L4
				13－01－05	分析对前厅部操作的观点和立场：降低操作成本，增加营业额，简化繁杂的工作程序	L4
				13－01－06	做出个案式的更正和推出所需要的策略，保持和控制工资的平衡	L4
		13－02	推广促销	13－02－01	根据市场需求，向总经理提出销售建议	L4
				13－02－02	积极开展各种推广促销活动，最大限度地增加酒店收入	L4
				13－02－03	熟悉客人的需求与销售市场状况	L4
14	人事管理	14－01	员工任职管理	14－01－01	与人事部及属下各部门主管沟通，聘请前厅部员工	L4
				14－01－02	与人事部及属下各部门主管沟通，解雇前厅部员工	L4
				14－01－03	负责对员工实施培训、考核和评估工作	L4
				14－01－04	善于运用激励方法调动员工的积极性	L4
				14－01－05	制定餐饮部各员工的培训课程，并监督训练及执行	L4
				14－01－06	观察能力强，具备良好的预测和判断能力	L4
		14－02	执行人才发展计划	14－02－01	掌握人才职业规划的知识与技能	L4
				14－02－02	了解员工职业规划方向	L4
				14－02－03	培养与发展有潜力的员工	L4

续上表

工作项目/职业素养		工作任务/职业素养分类		职业能力（知识、技能、方法、工具、要求）		学习水平 高职 Lj
15	前厅部经理维护宾客关系	15－01	VIP 服务	15－01－01	制定 VIP 客人的接待程序与接待标准	L4
				15－01－02	统筹安排 VIP 客人的接待事项	L4
				15－01－03	VIP 客人接待工作项目的跟踪服务与事后总结	L4
				15－01－04	负责重要客人的接待工作	L4
				15－01－05	亲自恭候迎送 VIP，保证“回头客”	L4
				15－01－06	根据 VIP 客人等级通知相关部门做好接待安排	L4
				15－01－07	能运用流利的英文与客人进行对话	L4
		15－02	处理宾客重大投诉	15－02－01	了解宾客投诉的处理原则、客人投诉类型及其处理方法	L4
				15－02－02	掌握宾客重大投诉处理程序与技巧	L4
				15－02－03	能妥善处理宾客的投诉	L4
		15－03	管理客史档案	15－03－01	掌握客史档案整理的知识与技能	L4
				15－03－02	具备运行管理的能力	L4
				15－03－03	掌握客史档案管理的技巧	L4
16	日常管理	16－01	协助上级工作	16－01－01	协助客房主管做好辖区客房的接待服务工作	L2
				16－01－02	协助督导、培训及考核评估工作	L2
		16－02	主持班内工作	16－02－01	定期召开班组会，传达酒店、部门的指示和决议	L2
				16－02－02	编制本分部员工排班表，并记录考勤	L2
				16－02－03	每天检查下属员工的仪容仪表、礼貌礼节、服务态度及工作效率	L2
				16－02－04	负责管家部物资消耗的统计分析工作	L2
				16－02－05	巡视下属员工的工作进度，抽查服务质量，发现问题及时纠正偏差，确保日常工作的顺利进行	L2
		16－03	填写上交月度报表	16－03－01	汇总并上交一次性品及清洁洗涤剂使用率报表	L2
				16－03－02	汇总上交制服盘点报表、清洁剂盘点报表、布草盘点报表	L2
				16－03－03	定期检查并报告所负责楼层的各类物品的存储量及消耗量	L2

续上表

工作项目/职业素养		工作任务/职业素养分类		职业能力（知识、技能、方法、工具、要求）		学习水平 高职 Lj
17	房间清洁管理	17－01	掌握房态	17－01－01	了解楼层分布、房态表编写、房型	L2
				17－01－02	掌握实时房态	L2
				17－01－03	根据需要及时组织力量做好房间的整理和清洁卫生工作	L2
				17－01－04	尽快提供符合标准的可出租房，掌握并报告房态	L2
		17－02	检查仪容仪表	17－02－01	检查员工的衣服，保持整洁干净	L2
				17－02－02	指导员工化淡妆	L2
				17－02－03	要求女士员工夹起头发	L2
		17－03	准备工作	17－03－01	规范填写钥匙领用表	L2
				17－03－02	掌握钥匙领用制度	L2
				17－03－03	检查工作车的补充状况	L2
				17－03－04	检查工具的完好	L2
		17－04	做房流程	17－04－01	规范填写报表	L2
				17－04－02	规范收集脏布草	L2
				17－04－03	督查补充工作车、清洁吸尘器及工作车	L2
				17－04－04	归还钥匙及上交报表	L2
18	查房管理	18－01	核实信息	18－01－01	核实房号及房态	L2
				18－01－02	随时掌握客房状态的变化，向前厅等部门提供准确的房态资料	L2
				18－01－03	统计核实客房酒吧酒水的消耗量，并报有关部门	L2
				18－01－04	检查控制客房用品、清洁洗涤用品等各类物品的存量和消耗量，抽查使用情况，避免浪费，掌握并负责填写物品申领单	L2
				18－01－05	处理特殊房态（DND①、有客房、有行李）	L2
		18－02	处理物品事件	18－02－01	及时处理客人的遗留物品	L2
				18－02－02	及时处理有偿物品损坏或丢失情况	L2
				18－02－03	每日检查客房内小酒吧物品的消耗，做好补充和报账工作	L2
				18－02－04	填写领班工作日报表和房态显示表	L2
				18－02－05	处理房间物品弄脏的赔偿	L2

① DND：DO Not Disturb，请勿打扰。

续上表

工作项目/职业素养		工作任务/职业素养分类		职业能力（知识、技能、方法、工具、要求）		学习水平 高职 Lj
19	客服	19－01	基本服务管理	19－01－01	熟悉服务中心服务工作规范及流程	L2
				19－01－02	向客房主管报告贵宾房号、到店时间及要求	L2
				19－01－03	建立失物招领档案，保管客人的遗留物品，监督遗留物品处理程序的实施	L2
				19－01－04	核实房号及确认顾客需求	L2
				19－01－05	对服务中心所有的物品、设备进行编号建档，定期核对	L2
				19－01－06	与前台核定房间实际出租状况和预订、退房情况	L2
				19－01－07	处理住客的特殊行为及患病情况	L2
				19－01－08	核实借物的完好及整洁	L2
		19－02	督导服务规范	19－02－01	规范员工的服务用语及礼貌礼节	L2
				19－02－02	督导员工在规定时间内完成服务要求	L2
				19－02－03	服务跟进并反馈结果	L2
				19－02－04	借物单的填写与确认	L2
20	楼层管理	20－01	班前准备	20－01－01	准备报表及排房工作	L2
				20－01－02	检查钥匙的领用情况	L2
				20－01－03	准备班前会议计划和资料	L2
				20－01－04	说明当日重要客户及顾客个性化要求	L2
				20－01－05	检查并安排楼层公共区域的清洁卫生工作	L2
				20－01－06	收集当日客房入住状态信息	L2
				20－01－07	安排员工做房顺序（VIP 房间优先）	L2
				20－01－08	开展员工日常操作的实操培训	L2
		20－02	班后检查	20－02－01	检查房间消费品的补充情况	L2
				20－02－02	检查员工钥匙归还情况	L2
				20－02－03	负责检查管辖楼层房间的设备设施运转情况，保证客房的正常并达到规定的标准	L2
				20－02－04	检查房间物品摆放、空调、清洁等的情况	L2
				20－02－05	检查交班工作	L2
				20－02－06	检查前台每天安排的房间，跟进客人的特殊要求	L2

续上表

工作项目/职业素养		工作任务/职业素养分类		职业能力（知识、技能、方法、工具、要求）		学习水平 高职 Lj
21	客房安全保障	21－01	设备维修与保养	21－01－01	建立工程维修档案	L2
				21－01－02	联系工程部，解决客房维修事项	L2
				21－01－03	向客房主管和工程部提供每日维修房的房号	L2
				21－01－04	检查房间的维修事项，确保房间各项物品及设备完好无损，发现问题，立即向主管及有关部门报告	L2
				21－01－05	跟进工程部的维修进展	L2
		21－02	安全维护	21－02－01	负责服务中心的安全和消防管理	L2
				21－02－02	定期组织管辖区域的消防器具检查	L2
				21－02－03	做好通缉协查、防火、防盗工作，负责主管区域的安全职责	L2
22	协助行政管家工作	22－01	协助制定部门制度及工作程序	22－01－01	贯彻行政管家的决策、决定和各项指令	L3
				22－01－02	及时将本部门的销售状况及特别事件上报行政管家	L3
				22－01－03	按时完成上级分配的工作	L3
				22－01－04	制定楼层各项规章制度并指挥实施	L3
				22－01－05	协助制定并更新楼层服务管理制度、操作规程、岗位职责	L3
				22－01－06	制定并组织实施客房楼层的安全、卫生等各项规章制度	L3
				22－01－07	建立和完善客房楼层的工作程序和标准	L3
				22－01－08	负责编制部门员工的排班表	L3
		22－02	协助执行制度	22－02－01	协助落实和妥善执行一切规章制度	L3
				22－02－02	协助制定员工的出勤、纪律行为及工作表现要求并做记录	L3
				22－02－03	实施本部门的年度工作计划、季度工作安排，及时向上级报告完成情况	L3
				22－02－04	在行政管家的领导下，做好客房的管理和服务，保证良好的社会声誉和经济效益	L3
				22－02－05	检查规章制度的实施和执行情况	L3
				22－02－06	制订周密的工作计划，合理安排人员和物资使用，控制资源消耗	L3
				22－02－07	协助指导员工掌握正确服务程序	L3

续上表

工作项目/职业素养		工作任务/职业素养分类		职业能力（知识、技能、方法、工具、要求）		学习水平 高职 Lj
23	客房部处理业务	23－01	掌握业务信息	23－01－01	掌握每天入退房数量	L3
				23－01－02	与前台核定房间实际出租状况和预订情况，掌握并报告房态	L3
				23－01－03	收集客人的个性资料	L3
				23－01－04	及时收集、整理、储存、更新、提供酒店的重要信息资料，保证所属员工知晓酒店内外的重要事件	L3
		23－02	熟悉业务	23－02－01	熟悉楼层业务要求和程序	L3
				23－02－02	熟悉楼层的各项服务及设施	L3
				23－02－03	熟悉酒店运转体系及各分部的基本运作流程	L3
				23－02－04	熟悉酒店电脑管理系统	L3
				23－02－05	了解主要客源国的风俗习惯及重点客人、常客入住特点	L3
				23－02－06	掌握客房管理和服务程序	L3
				23－02－07	掌握客房服务标准	L3
				23－02－08	掌握客房清洁和保养方面的知识	L3
		23－03	操作业务	23－03－01	优先检查当日工作房	L3
				23－03－02	检查走客房、续住房及空房	L3
				23－03－03	随时关注楼层的安全状态	L3
				23－03－04	管辖区域安全及卫生状态	L3
				23－03－05	收集检查员工报表	L3
				23－03－06	检查顾客遗留物品的登记和处理情况	L3
				23－03－07	预计次日人员安排及调配	L3
				23－03－08	掌握管辖区域房态状况	L3
				23－03－09	根据每天的实际开房率灵活调控人员的安排	L3
				23－03－10	及时处理下属人员不能解决的疑难问题并向行政管家报告	L3
				23－03－11	根据需要及时组织力量做好房间的整理和清洁卫生工作，尽快提供符合标准的可出租房	L3

续上表

工作项目/职业素养		工作任务/职业素养分类		职业能力（知识、技能、方法、工具、要求）		学习水平 高职 Lj
23	客房部处理业务	23－04	督导部门业务	23－04－01	加强现场督导，检查员工的仪容仪表和服务质量	L3
				23－04－02	及时纠正员工不符合规范的行为和表现	L3
				23－04－03	安排房间清洁和周期性卫生工作计划	L3
				23－04－04	巡查分区，及时处理员工及顾客反馈的问题	L3
				23－04－05	严格控制成本，降低消耗	L3
				23－04－06	督导员工积极实施制订发布的促销方案	L3
				23－04－07	巡视下属员工的工作进度，抽查服务质量，发现问题及时纠正偏差，确保日常工作的顺利进行	L3
				23－04－08	面对提出特殊要求的客人，及时联系相关部门为其提供个性化服务	L3
				23－04－09	不断改进及提高房间的清洁标准、服务水平	L3
				23－04－10	及时发现问题、解决难题	L3
				23－04－11	监控服务及卫生质量	L3
				23－04－12	监查PA①公区的保养及洗涤质量的管理	L3
24	维护宾客关系	24－01	处理宾客投诉	24－01－01	有效处理客人对住房的投诉，并主动征询客人的意见和建议	L3
				24－01－02	处理管理范围内客人的投诉	L3
				24－01－03	建立宾客投诉档案	L3
				24－01－04	能够和酒店各部门协调配合处理各类投诉	L3
				24－01－05	懂得宾客投诉处理程序与技巧	L3

① PA：Publisc Area，公共区域。

续上表

工作项目/职业素养		工作任务/职业素养分类		职业能力（知识、技能、方法、工具、要求）		学习水平 高职 Lj
24	维护宾客关系	24－02	VIP 接待	24－02－01	掌握 VIP 客人信息（国籍、喜好、停留时间、风俗习惯等）	L3
				24－02－02	熟悉 VIP 客人的接待程序与接待标准	L3
				24－02－03	检查贵宾房间的设备设施、物品摆放、温度、空气、清洁等情况，确保房间处于最佳状态	L3
				24－02－04	确保房间质量符合酒店的接待规范并亲自招待贵宾	L3
				24－02－05	切实提供个性化的服务	L3
				24－02－06	落实当天 VIP 客人的跟进工作	L3
		24－03	整理客史档案	24－03－01	懂得客史档案整理的知识与技能	L3
				24－03－02	具备发现客人细节并不断总结的能力	L3
		24－04	加强与宾客沟通	24－04－01	了解宾客心理需求，善于与宾客打交道	L3
				24－04－02	留意客人的动向，了解客人的需求，虚心听取客人的意见，接受客人的投诉	
				24－04－03	主动招呼再次光临的客人，最大限度地争取“回头客”	L3
				24－04－04	学会灵活运用沟通、协调的方法	L3
				24－04－05	掌握沟通协调的程序	L3
				24－04－06	维系顾客关系，定期短信、电话回访，收集反馈意见	L3
				24－04－07	向客人推广酒店内各项设施	L3
				24－04－08	了解市场及客人的需要并及时向上司提供有建设性之意见	L3
				24－04－09	做好团队、会议和重要客人接待服务工作	L3

续上表

工作项目/职业素养		工作任务/职业素养分类		职业能力（知识、技能、方法、工具、要求）		学习水平 高职 Lj
25	客房部员工管理	25－01	培训员工	25－01－01	制订员工的培训计划	L3
				25－01－02	具备培训知识与培训技能，能实施业务培训和考核	L3
				25－01－03	负责对员工进行业务培训、督导、考核，不断提高员工的业务水平和服务质量	L3
				25－01－04	保证服务人员任何时候都按行为规范工作	L3
				25－01－05	按酒店服务礼仪标准对员工进行培训	L3
				25－01－06	培训员工服务流程标准	L3
				25－01－07	定期给员工进行服务案例分析	L3
				25－01－08	跟踪培训效果的技能	L3
		25－02	人才发展计划	25－02－01	了解员工职业规划方向	L3
				25－02－02	协助员工做好个人的发展计划	L3
				25－02－03	培养与发展有潜力的员工	L3
		25－03	督导员工	25－03－01	负责培训、招募员工，对违纪员工提出处理意见	L3
				25－03－02	督导员工管理的区域服务规范	L3
				25－03－03	制定员工手册	L3
				25－03－04	督导员工做好酒店各部门和客人报刊、传真、邮件的接收和分发工作	L3
				25－03－05	跟进每月员工排班表，根据订房情况合理调配楼层服务人手	L3
				25－03－06	掌握语言沟通技巧，指导员工开展工作	L3
				25－03－07	帮助下属解决工作中遇到的难题，处理工作差错和事故	L3
		25－04	绩效考核	25－04－01	对员工进行绩效评估，并按奖惩制度事实奖惩	L3
				25－04－02	参加员工甄选及评估工作	L3
				25－04－03	负责每月核对楼层员工考勤	L3
				25－04－04	核算业务	L3
				25－04－05	计算工作量	L3
				25－04－06	对直接下级的员工调配、升职、降级、奖励处分等人事变动提出意见	L3
				25－04－07	评估员工的表现，合理地使用员工	L3
				25－04－08	关心员工的工作和生活，及时提供必要的工作指导和帮助	L3
				25－04－09	参考顾客反馈意见	L3

续上表

工作项目/职业素养		工作任务/职业素养分类		职业能力（知识、技能、方法、工具、要求）		学习水平 高职 Lj
26	客房安全保障	26－01	设施设备维护	26－01－01	具备前台设备应用常识及设备维护的基础知识	L3
				26－01－02	协调、沟通与电信部门和酒店有关部门的关系，确保通信系统的正常运行	L3
				26－01－03	密切与工程部合作，定期检修和保养各分部机器设备	L3
				26－01－04	负责管辖区域设备设施的维护和保养	L3
				26－01－05	熟悉客房设备、清洁工具、清洁剂的使用和操作方面的知识	L3
				26－01－06	保持设备的完好率	L3
				26－01－07	负责检查房间的设备设施维修保养情况	L3
				26－01－08	设施设备保养计划及安全防范	L3
				26－01－09	负责下属部门设备的申领、补充工作，安排每月部门的备用品使用	L3
				26－01－10	定期检查所有设施、设备运转	L3
				26－01－11	督导部门所有设备设施的正常使用管理及保养	L3
		26－02	楼层安全维护	26－02－01	警惕辖区范围内出现的可疑人物，负责所处区域的防盗、防火安全工作	L3
				26－02－02	保证消防通道畅通	L3
				26－02－03	跟进营业区域、地毯、地板维护保养工作	L3
				26－02－04	定期组织管辖区域的消防器具检查，做好通缉协查、防火、防盗工作	L3
				26－02－05	检查控制客房用品、清洁洗涤用品等各类物品的存量和消耗量，抽查其使用情况，避免浪费	L3

续上表

工作项目/职业素养		工作任务/职业素养分类		职业能力（知识、技能、方法、工具、要求）		学习水平 高职 Lj
27	其他日常工作	27－01	主持会议	27－01－01	参加客房部例会，理解酒店部门的运转情况	L3
				27－01－02	主持召开班前早会，传达上级部署的任务和指令，向下属布置工作任务，确保各环节正常运转	L3
				27－01－03	了解会议流程及会议的主要内容	L3
		27－02	报表呈交	27－02－01	负责制作各种业务报表	L3
				27－02－02	填写并上交固定资产盘点报表、财务支出及设备损耗报表	L3
				27－02－03	填写上报月度培训汇总报表	L3
				27－02－04	填写上交客人意见跟进情况报表	L3
				27－02－05	填写上交遗留物品汇总报表	L3
				27－02－06	填写上交计划卫生报表、设备设施保养报表	L3
				27－02－07	填写上交泳池水质监控报表、健身中心会员汇总报表	L3
				27－02－08	填写上交工程保养报表	L3
				27－02－09	汇总上交各分部排班报表、人员流动报表	L3
28	主持日常工作	28－01	主持会议	28－01－01	主持每周管家部例会	L4
				28－01－02	主持每月的部门业务会议	L4
				28－01－03	传达落实上级决议及决定	L4
				28－01－04	分配当天总经理下达的任务	L4
				28－01－05	布置客房各部门的工作任务	L4
				28－01－06	听取下属各部门的工作汇报，帮助解决各部门的难题	L4
		28－02	整理报表	28－02－01	做好工作日志和总结	L4
				28－02－02	建立管家部工作的完整档案体系	L4
				28－02－03	管理报表	L4
				28－02－04	撰写部门年度总结报告	L4
				28－02－05	汇总并上交部门月度突出问题汇总报表	L4

续上表

工作项目/职业素养		工作任务/职业素养分类		职业能力（知识、技能、方法、工具、要求）		学习水平 高职 Lj
28	主持日常工作	28－03	确保工作质量	28－03－01	检查部门工作进度	L4
				28－03－02	抽查服务质量，纠正偏差	L4
				28－03－03	检查员工的礼貌礼节、仪容仪表、服务态度和工作效率	L4
				28－03－04	跟进财务及采购部门的采购工作	L4
				28－03－05	定期进行市场调查	L4
		28－04	加强部门联系	28－04－01	与各部门的主管商讨新建立的策略，以增加营业额、减低成本或增加客房操作的生产力	L4
				28－04－02	加强与管家、财务、销售、工程、前厅等部门的横向联系，确保酒店服务的一致性	L4
29	制度修订	29－01	建立制度	29－01－01	制定客房部的经营管理制度	L4
				29－01－02	制定客房部的服务标准和操作流程	L4
				29－01－03	健全客房部的岗位职责、规章制度和程序	L4
				29－01－04	制定部门操作规程及服务规范	L4
				29－01－05	拟定硬件设施使用及日常工作管理制度	L4
		29－02	落实制度	29－02－01	执行客房部门会议并解决所有需要解决的事项，以达至部门正确操作的功能，必要时应做出操作程序更正或新制定政策等	L4
				29－02－02	协助和指引各客房部门的主管，对有客房操作和需求提出功能性的建议和指示	L4
				29－02－03	按规章制度实施奖惩	L4
				29－02－04	督导员工依照工作责任制的指引工作	L4
		29－03	制订计划	29－03－01	拟定、上报管家部全年工作计划、季度工作安排	L4
				29－03－02	编制年度客房各类物品的预算，并列出购置清单	L4
				29－03－03	安排好卫生计划	L4
				29－03－04	安排好四害计划	L4
				29－03－05	安排好外洗计划	L4
				29－03－06	落实外包项目的人员及工作计划	L4
				29－03－07	策划和制定各项客务计划	L4

续上表

工作项目/职业素养		工作任务/职业素养分类		职业能力（知识、技能、方法、工具、要求）		学习水平 高职 Lj
30	经营管理	30－01	市场分析	30－01－01	定期分析和报告经营情况，领导下属积极完成各项经营指标	L4
				30－01－02	掌握市场变化并及时引导，跟进创收，控制成本及降低消耗	L4
				30－01－03	制定部门经营决策	L4
		30－02	控制成本	30－02－01	定期深入检查部门收支控制情况，控制成本支出	L4
				30－02－02	开源节流及部门成本控制	L4
				30－02－03	做出个案式的更正和推出所需要的策略，保持和控制工资的平衡	L4
				30－02－04	负责维修保养、设备折旧管理	L4
				30－02－05	负责成本核算、成本控制管理	L4
				30－02－06	负责配合并监督客房销售控制工作	L4
		30－03	做好预算	30－03－01	做好年度支出预算	L4
				30－03－02	做好人力资源预算	L4
				30－03－03	管理好各分部消耗品	L4
				30－03－04	提出年度布草消耗、采购计划及预算	L4
				30－03－05	保障客房最大限度的出租率和最高经济收入	L4
		30－04	推广促销	30－04－01	根据市场需求，向总经理提出销售建议	L4
				30－04－02	积极开展各种推广促销活动，最大限度地增加酒店收入	L4
				30－04－03	熟悉客人需求与销售市场状况	L4
				30－04－04	直接向总经理汇报有关客房推销活动情况	L4
				30－04－05	撰写营运操作、营业额、成本和各部门赚取盈利的报告	L4
				30－04－06	分析正确监督功能和收效	L4
				30－04－07	完成上级领导分配的销售任务	L4
				30－04－08	跟催已编制的政策和策划各项目，以确保能依从先前所规定的方法和标准开展	L4

续上表

工作项目/职业素养		工作任务/职业素养分类		职业能力（知识、技能、方法、工具、要求）		学习水平 高职 Lj
31	人事管理	31－01	员工任职管理	31－01－01	与人事部及属下各部门主管沟通，聘请客房部员工	L4
				31－01－02	与人事部及属下各部门主管沟通，解雇客房部员工	L4
				31－01－03	确定人员编制，合理分配及调度人力	L4
		31－02	奖惩管理	31－02－01	制订激励计划	L4
				31－02－02	落实工作质量评估	L4
				31－02－03	了解人力资源的员工补给状况	L4
				31－02－04	奖惩、任免主管及领班	L4
		31－03	员工培训	31－03－01	负责对员工实施培训、考核和评估工作	L4
				31－03－02	制订员工培训计划	L4
				31－03－03	善于运用激励方法调动员工的积极性	L4
				31－03－04	制定客房部各员工的培训课程，并监督训练及执行	L4
				31－03－05	指导执行规章制度	L4
				31－03－06	介绍福利待遇政策	L4
				31－03－07	观察能力强，具备良好的预测和判断能力	L4
		31－04	执行人才发展计划	31－04－01	掌握人才职业规划的知识与技能	L4
				31－04－02	了解员工职业规划方向	L4
				31－04－03	培养与发展有潜力的员工	L4
32	人身及卫生安全保障	32－01	人身安全	32－01－01	关注员工及顾客健康状态、情绪表现	L4
				32－01－02	处置工伤事故	L4
				32－01－03	与保安部紧密协作，确保客人的人身及财产安全	L4
		32－02	卫生消防安全	32－02－01	保证客房和公共区域达到卫生标准	L4
				32－02－02	定期组织检查消防器具，做好通缉协查、防火、防盗工作	L4
				32－02－03	巡查消防设施状态	L4

续上表

工作项目/职业素养		工作任务/职业素养分类		职业能力（知识、技能、方法、工具、要求）		学习水平 高职 Lj
33	客房部维护顾客关系	33－01	关心常客	33－01－01	保持联系	L4
				33－01－02	拟订优惠措施	L4
		33－02	开发新客源	33－02－01	推介广告	L4
				33－02－02	开展促销活动	L4
				33－02－03	运用新媒介	L4
		33－03	控制服务质量	33－03－01	加强制度规范管理	L4
				33－03－02	提高员工的敬业度	L4
				33－03－03	运用激励政策	L4
				33－03－04	监督、指导、协调全部管家部活动，为住客提供规范化、程序化、制度化的优质服务	L4
				33－03－05	处理投诉，发展与住店客人的友好关系	L4
				33－03－06	检查贵宾客房，使之达到酒店要求的标准	L4
				33－03－07	提高员工的敬业度	L4
34	餐饮部日常管理	34－01	执行上级命令	34－01－01	执行及跟办餐厅经理及主管分配的工作	L2
				34－01－02	妥善执行制定的规章制度	L2
				34－01－03	严格执行架构图的汇报程序	L2
		34－02	协助工作	34－02－01	协助餐厅经理及主管监察员工的工作，更期及考勤，并向上级汇报	L2
				34－02－02	随时协助高级待应/服务员日常的工作，提供正确服务程序	L2
				34－02－03	协助主管，餐厅经理完成盘点工作	L2
				34－02－04	协助餐厅经理及主管开展对员工的培训和业绩考核	L2
		34－03	编排任务	34－03－01	负责完成餐厅营业前检查表	L2
				34－03－02	负责带动及公平安排分配属下小组的工作	L2
				34－03－03	协助带位员工安排订座的编排	L2
		34－04	排班及考勤	34－04－01	跟进本班组员工考勤登记及培训考核登记	L2
				34－04－02	跟进每月餐厅布草盘点监督工作	L2
				34－04－03	检查下属员仪容仪表及出勤状况	L2
				34－04－04	制作排班表	L2

续上表

工作项目/职业素养		工作任务/职业素养分类		职业能力（知识、技能、方法、工具、要求）		学习水平 高职 Lj
34	餐饮部日常管理	34－05	易耗品管理	34－05－01	有效管理灯光、空调的使用	L2
				34－05－02	负责餐厅打包用品管理库存、申购工作	L2
				34－05－03	负责印刷品（如柯达单、点心单）申购	L2
35	餐厅管理	35－01	迎送客服务	35－01－01	检查服务员的仪容仪表和具体操作	L2
				35－01－02	统计顾客预订信息	L2
				35－01－03	电话预定	L2
				35－01－04	收集宾客意见反馈	L2
				35－01－05	为客人提供餐饮推广，每日推介信息	L2
				35－01－06	检查及提醒客人携带物品	L2
		35－02	餐前督导	35－02－01	领导本班服务员做好开餐前的准备工作	L2
				35－02－02	按照领班检查表逐项检查，发现问题，及时采取措施。如有必要，及时报告上级	L2
				35－02－03	检查用品物品是否齐备、清洁和无破损	L2
				35－02－04	检查桌椅、餐具的摆放是否规范	L2
				35－02－05	检查菜单、酒具是否卫生并无破损	L2
				35－02－06	检查餐厅环境卫生、温度及餐具摆放	L2
		35－03	对客服务	35－03－01	汇报及礼貌地解决客人的投诉	L2
				35－03－02	开餐后注意观察客人用餐情况，及时回答客人问题	L2
				35－03－03	督导服务员主动向客人介绍菜式及主动推销饮品，加强酒店收益	L2
				35－03－04	掌握餐厅推广菜品知识；每日菜品沽清	L2
				35－03－05	过单、落单服务	L2
				35－03－06	经常与厨房联系，跟催出菜程序及菜式，推销时令菜牌及滞销食品，提供反映客人意见	L2
				35－03－07	经常向上级汇报反映客人的意见	L2
				35－03－08	每日留意厨房发出的今日特色菜并主动向客人推广	L2

续上表

工作项目/职业素养		工作任务/职业素养分类		职业能力（知识、技能、方法、工具、要求）		学习水平 高职 Lj
35	餐厅管理	35－03	对客服务	35－03－09	充分了解酒店及餐厅的产品，懂得根据宴会性质搭配菜单及酒水	L2
				35－03－10	督导上菜的行为规范	L2
				35－03－11	检查结账操作方式（如支票、POS[①]机刷卡、微信支付、支付宝支付）	L2
		35－04	出品监控	35－04－01	经常留意汁酱与菜式的配搭是否正确	L2
				35－04－02	经常留意厨房的出品是否达到酒店的标准	L2
				35－04－03	了解当日厨房供应情况及厨师长特荐内容，与备餐间协调合作	L2
36	酒吧服务	36－01	营业前准备	36－01－01	检查酒吧的环境卫生状况，督促酒水员搞好卫生	L2
				36－01－02	检查服务区域内的杯具和用具卫生、供应状况	L2
				36－01－03	酒水盘点库存管理	L2
				36－01－04	酒水、水果申购及回货验收	L2
		36－02	出品制作监控	36－02－01	监控酒吧的各项出品，确保酒水的出品、质量和服务的规范化	L2
				36－02－02	监控各类鸡尾酒制作	L2
				36－02－03	监控水果拼盘及果汁制作	L2
		36－03	日常督导	36－03－01	认真检查各酒吧的每日营业表，如发现问题，要及时处理，并上报酒水部主管	L2
				36－03－02	随时掌握酒水库存状态，审核当日酒吧提货单，并交主管签字，做好酒水控制	L2
				36－03－03	检查酒吧的硬件设备，发现问题及时报工程部维修	L2

① POS：Point of sale，销售点系统。

续上表

工作项目/职业素养		工作任务/职业素养分类		职业能力（知识、技能、方法、工具、要求）		学习水平 高职 Lj
37	协助培训与指导	37－01	基本服务规范	37－01－01	培训员工餐桌布置标准	L2
				37－01－02	掌握斟酒服务规范	L2
				37－01－03	监控传菜、上菜过程的规范	L2
				37－01－04	介绍语音、语调规范及标准接听流程	L2
				37－01－05	介绍宴会服务程序和操作规程	L2
				37－01－06	掌握酒吧系统管理和系列服务程序	L2
		37－02	了解专业知识和技能	37－02－01	熟悉主要种类酒水的性质、产地、生产过程及常用酒水的调治方法	L2
				37－02－02	了解各种菜肴的名称、特点及食用方式、营养价值	L2
				37－02－03	了解餐具、酒具、布草的使用方法和保养知识	L2
				37－02－04	了解服务心理和国内外各地宾客的饮食习惯及爱好	L2
38	协助餐饮部经理工作	38－01	协助制定部门制度及工作程序	38－01－01	及时将本部门的销售状况及特别事件上报餐饮部经理	L3
				38－01－02	按时完成上级分配的工作	L3
				38－01－03	制定宴会各项规章制度并指挥实施	L3
				38－01－04	制定并组织实施酒水部的安全、卫生、酒水控制等各项规章制度	L3
				38－01－05	建立和完善宴会的工作程序和标准	L3
				38－01－06	负责编制部门员工的排班表	L3
		38－02	协助执行制度	38－02－01	协助落实和妥善执行一切规章制度	L3
				38－02－02	协助制定员工的出勤、纪律行为及工作表现要求并做记录	L3
				38－02－03	协助指导员工掌握正确服务程序	L3

续上表

工作项目/职业素养		工作任务/职业素养分类		职业能力（知识、技能、方法、工具、要求）		学习水平 高职 Lj
39	餐饮部的处理业务	39－01	掌握业务信息	39－01－01	收集常来宾客对菜肴和服务的建议和意见，并采取相应的改进措施	L3
				39－01－02	根据季节差异及宾客反馈的建议和意见与厨师长研究，制定特别菜单	L3
				39－01－03	与厨师长共同议定宴会菜单、价格	L3
				39－01－04	根据各酒吧的特点和要求，制定各酒吧的销售品种及销售价格	L3
				39－01－05	及时收集、整理、储存、更新、提供酒店的重要信息资料，保证所属员工知晓酒店内外的重要事件	L3
		39－02	熟悉业务	39－02－01	熟悉餐厅业务要求和程序	L3
				39－02－02	熟悉酒店的各项服务及设施	L3
				39－02－03	熟知当地各重要服务机构的地址、营业项目和时间	L3
				39－02－04	熟悉本部门的各项工作程序和有关业务规定	L3
				39－02－05	熟悉酒店运转体系及各分部的基本运作流程	L3
				39－02－06	熟悉酒店电脑管理系统	L3
				39－02－07	熟悉酒水的来源、品牌及规格，了解主要酒类的特点	L3
				39－02－08	有重要的宴会、酒会需要亲自上场服务	L3
				39－02－09	设计酒水饮料单，制定含酒精和不含酒精饮料的配制标准	L3
				39－02－10	通晓餐厅管理和中餐、西餐系列服务程序	L3
				39－02－11	掌握食品、酒水、烹饪方面的知识和推销技巧	L3
				39－02－12	了解主要客源国的风俗习惯及重点客人和常客口味特点	L3
				39－02－13	参加大型宴会服务合同条款的谈判和签约	L3
				39－02－14	通晓各类宴会管理和服务技能与台型设计	L3
				39－02－15	掌握食品、酒水、烹饪方面的知识	L3
				39－02－16	能研制新的酒牌、新的鸡尾酒	L3

续上表

工作项目/职业素养		工作任务/职业素养分类		职业能力（知识、技能、方法、工具、要求）		学习水平 高职 Lj
39	餐饮部的处理业务	39－03	督导部门业务	39－03－01	督导完成中餐厅、西餐厅日常经营工作	L3
				39－03－02	加强现场督导，检查员工的仪容仪表和服务质量	L3
				39－03－03	及时纠正员工不符合规范的行为和表现	L3
				39－03－04	开餐前半小时（大型宴会在开餐前1小时），检查当日预定和特别宴会的各项准备工作	L3
				39－03－05	检查餐厅内的卫生状况、摆台情况等	L3
				39－03－06	严格控制成本，降低消耗	L3
				39－03－07	组织员工完成餐饮部下达的销售指标	L3
				39－03－08	控制酒水的进货、领取、保管和销售	L3
				39－03－09	与采购部密切联系，掌握整个酒水库存状态，并严格控制整个酒水部的成本	L3
				39－03－10	面对提出特殊要求的客人，及时联系相关部门为其提供个性化服务	L3
				39－03－11	控制酒水出品的分量，检查出品质量	L3
				39－03－12	督导员工积极实施制订发布的促销方案	L3
				39－03－13	了解下属工作能力，合理安排工作	L3
				39－03－14	建议并组织与酒商定期举办酒水促销活动，促进饮食的销售	L3
				39－03－15	严格检查和监督电信保密制度的实施，维护顾客利益	L3
				39－03－16	经常留意厨房出品是否达到制定之标准及跟催上菜程序	L3
				39－03－17	负责节日推广活动布置工作	L3
				39－03－18	及时发现问题、解决难题	L3

续上表

工作项目/职业素养		工作任务/职业素养分类		职业能力（知识、技能、方法、工具、要求）		学习水平 高职 Lj
40	餐饮部主管维护宾客关系	40－01	处理宾客投诉	40－01－01	有效处理客人对饮料的投诉，并主动征询客人的意见和建议	L3
				40－01－02	处理管理范围内客人的投诉	L3
				40－01－03	建立宾客投诉档案	L3
				40－01－04	能够和酒店各部门协调配合处理各类投诉	L3
				40－01－05	懂得宾客投诉处理程序与技巧	L3
		40－02	VIP 接待	40－02－01	掌握 VIP 客人信息（国籍、喜好、停留时间、风俗习惯等）	L3
				40－02－02	熟悉 VIP 客人的接待程序与接待标准	L3
				40－02－03	接待重要客人和大型团队时，亲自组织餐前的服务工作，保证提供有序、高效的服务，确保顾客的安全和满意	L3
		40－03	整理客史档案	40－03－01	懂得客史档案整理的知识与技能	L3
				40－03－02	具备发现客人细节并不断总结的能力	L3
		40－04	加强与宾客沟通	40－04－01	了解宾客心理需求，善于与宾客打交道	L3
				40－04－02	熟记常客和重要客人的姓名、相貌特征及个人需求	L3
				40－04－03	主动招呼再次光临的客人，最大限度地争取“回头客”	L3
				40－04－04	学会灵活运用沟通、协调的方法	L3
				40－04－05	掌握沟通协调的程序	L3
				40－04－06	维系顾客关系，定期短信、电话回访，收集反馈意见	L3
				40－04－07	督导员工管理的区域服务规范	L3
				40－04－08	向客人推广酒店内各项设施	L3
				40－04－09	经常与总厨联系，推销时令菜式，提供、反映顾客意见	L3
				40－04－10	了解市场及客人的需要并及时向上司提供有建设性的意见	L3
				40－04－11	观察菜品品质并及时补救	L3
				40－04－12	做好团队、会议和重要客人的接待服务工作	L3

续上表

工作项目/职业素养		工作任务/职业素养分类		职业能力（知识、技能、方法、工具、要求）		学习水平 高职 Lj
41	餐饮部的员工管理	41－01	培训员工	41－01－01	制订员工的培训计划	L3
				41－01－02	具备培训知识与培训技能，能实施业务培训和考核	L3
				41－01－03	负责对员工进行业务培训、督导、考核，不断提高员工的业务水平和服务质量	L3
				41－01－04	保证服务人员任何时候都按行为规范工作	L3
				41－01－05	制定各种酒水的服务方法，培训员工的服务技巧和调酒技术	L3
				41－01－06	按酒店服务礼仪标准对员工进行培训	L3
				41－01－07	讲解菜式介绍技巧	L3
				41－01－08	讲解菜单记忆技巧	L3
				41－01－09	培训酒店品牌更新知识	L3
				41－01－10	培训员工服务流程标准	L3
				41－01－11	培训员工上菜规范	L3
				41－01－12	培训员工酒水知识及服务操作	L3
				41－01－13	定期给员工进行服务案例分析	L3
				41－01－14	跟踪培训效果的技能	L3
		41－02	人才发展计划	41－02－01	了解员工职业规划方向	L3
				41－02－02	协助员工做好个人的发展计划	L3
				41－02－03	培养与发展有潜力的员工	L3
		41－03	督导员工	41－03－01	负责培训、招募员工，对违纪员工提出处理意见	L3
				41－03－02	制定员工手册	L3
				41－03－03	督导员工做好酒店各部门和客人报刊、传真、邮件的接收和分发工作	L3
				41－03－04	跟进每月员工排班表，根据订餐情况合理调配餐厅服务人手	L3
				41－03－05	掌握语言沟通技巧，指导员工开展工作	L3
				41－03－06	帮助下属解决工作中遇到的难题，处理工作差错和事故	L3
		41－04	绩效考核	41－04－01	对员工进行绩效评估，并按奖惩制度事实奖惩	L3
				41－04－02	参加员工甄选及评估工作	L3
				41－04－03	负责每月核对餐厅员工考勤	L3
				41－04－04	核算业务	L3
				41－04－05	计算工作量	L3
				41－04－06	参考顾客反馈意见	L3

续上表

工作项目/职业素养		工作任务/职业素养分类		职业能力（知识、技能、方法、工具、要求）		学习水平 高职 Lj
42	餐厅安全保障	42－01	设施设备维护	42－01－01	具备前台设备应用常识及设备维护的基础知识	L3
				42－01－02	协调、沟通与电信部门和酒店有关部门的关系，确保通信系统的正常运行	L3
				42－01－03	密切与工程部合作，定期检修和保养各分部机器设备	L3
				42－01－04	负责管辖区域的设备设施的维护和保养	L3
				42－01－05	加强对餐厅设备物资、用具的管理和保养	L3
				42－01－06	保持设备的完好率	L3
				42－01－07	负责各酒吧的设备、用具和财产的定期清点并做维修保养和更新	L3
				42－01－08	加强对餐厅设备物资、用具的管理和保养，并备有登记薄	L3
				42－01－09	负责下属部门设备的申领、补充工作，安排每月部门的备用品使用	L3
				42－01－10	定期检查所有设施、设备运转	L3
				42－01－11	每月盘点家私物品及餐具用品、报损、申购工作	L3
		42－02	菜品安全	42－02－01	观察菜品品质，及时补救	L3
				42－02－02	保证所有食品在有效期内使用	L3
				42－02－03	制订餐厅每周清洁沽清计划	L3
				42－02－04	制订餐具清洁计划及节能管理	L3
				42－02－05	具备成本控制意识	L3
		42－03	餐厅安全	42－03－01	跟进每周餐厅消杀工作	L3
				42－03－02	警惕大堂出现的可疑人物，负责所处区域的防盗、防火安全工作	L3
				42－03－03	保证消防通道畅通	L3
				42－03－04	跟进营业区域、地毯、地板维护保养工作	L3

续上表

工作项目/职业素养		工作任务/职业素养分类		职业能力（知识、技能、方法、工具、要求）		学习水平 高职 Lj
43	其他日常工作	43－01	报表管理	43－01－01	熟悉餐饮部所有报表的制作	L3
				43－01－02	负责制作各种业务报表	L3
		43－02	主持会议	43－02－01	参加餐饮部每日例会，理解酒店餐饮营业部门的运转情况	L3
				43－02－02	主持召开班前会，传达上级部署的任务和指令，向下属布置工作任务，确保各环节正常运转	L3
				43－02－03	了解会议流程及会议的主要内容	L3
44	主持日常工作	44－01	主持会议	44－01－01	主持召开餐饮部门的例会	L4
				44－01－02	传达上级布置的餐饮工作要点	L4
				44－01－03	听取工作汇报，解决餐饮部门的难题	L4
				44－01－04	布置餐饮各部门的工作任务	L4
		44－02	管理日常工作	44－02－01	与各餐饮部门的主管商讨新建立的策略，以增加营业额，降低成本或增加餐饮操作的生产力	L4
				44－02－02	报表管理	L4
				44－02－03	检查部门工作进度	L4
				44－02－04	加强与管家、财务、销售、工程、前厅等部门的横向联系，确保酒店服务的一致性	L4
				44－02－05	抽查服务质量，纠正偏差	L4
				44－02－06	定期组织检查消防器具，做好通缉协查、防火、防盗工作	L4
				44－02－07	撰写年度总结报告	L4
				44－02－08	定期进行市场调查	
				44－02－09	每天要巡视和检查各餐饮部门，包括所有餐厅、厨房、货仓及其他管理下的范围，以确保安全	L4

续上表

工作项目/职业素养		工作任务/职业素养分类		职业能力（知识、技能、方法、工具、要求）		学习水平 高职 Lj
45	制度修订	45－01	建立制度	45－01－01	制定餐饮部的经营管理制度	L4
				45－01－02	制定餐饮部的服务标准和操作流程	L4
				45－01－03	健全餐饮部的岗位职责、规章制度和程序	L4
				45－01－04	协助和指引各餐饮部门的主管，对有关餐饮操作和需求提出功能性的建议和指示	L4
				45－01－05	执行餐饮部门会议并解决所有需要解决的事项，包括宴会操作上的问题，以达至部门正确操作的功能，必要时应做出操作程序更正或新制定政策等	L4
				45－01－06	制定部门操作规程及服务规范，按规章制度实施奖惩	L4
				45－01－07	拟订硬件设施使用及日常工作管理制度	L4
				45－01－08	建立所有餐饮部的工作责任制，以使新加入员工能依照工作责任制的指引工作	L4
		45－02	制订计划	45－02－01	编制并组织实施部门年度预算	L4
				45－02－02	协助餐饮部总监制定中餐部和西餐部年、月度营业计划	L4
				45－02－03	策划和制订各项客务计划	L4
46	经营管理	46－01	控制成本	46－01－01	监督所有菜单的编制，价格、食物的卖相、卫生、食物推广计划的编制，以及和员工的编制，在任何时间均确保食物的质量和服务良好	L4
				46－01－02	确保所有餐饮部指定的采购品种质量良好	L4
				46－01－03	签批所有餐饮部门的餐饮采购订单	L4
				46－01－04	制定餐饮价格，监督采购和盘点	L4
				46－01－05	分析对餐饮部操作的观点和立场：降低操作成本，增加营业额，简化繁集的工作程序和卫生设备	L4
				46－01－06	定期分析和报告经营情况，领导下属积极完成各项经营指标	L4
				46－01－07	控制成本支出，定期深入检查部门收支控制情况	L4
				46－01－08	做出个案式的更正和推出所需要的策略，保持和控制工资的平衡	L4

续上表

工作项目/职业素养		工作任务/职业素养分类		职业能力（知识、技能、方法、工具、要求）		学习水平 高职 Lj
46	经营管理	46－02	推广促销	46－02－01	根据市场需求，向总经理提出销售建议	L4
				46－02－02	积极开展各种推广促销活动，最大限度地增加酒店收入	L4
				46－02－03	熟悉客人需求与销售市场状况	L4
				46－02－04	直接向总经理汇报有关餐饮推广活动情况	L4
				46－02－05	撰写营运操作、营业额、成本和各部门赚取利润的报告	L4
				46－02－06	分析正确监督功能和收效	L4
				46－02－07	负责季节性的产品（如粽子、月饼、大闸蟹、年糕）售卖点管理工作	L4
				46－02－08	完成上级领导分配的销售任务	L4
				46－02－09	定期举办美食节、美食周等促销活动	L4
				46－02－10	根据季节差异及宾客反馈的意见和建议与厨师长研究、制定特别菜单	L4
				46－02－11	跟催已编制的政策和策划各项目，以确保能依从先前所规定的方法和标准	L4
47	人事管理	47－01	员工任职管理	47－01－01	与人事部及各属下各部门主管沟通，聘请餐饮部员工	L4
				47－01－02	与人事部及各属下各部门主管沟通，解雇餐饮部员工	L4
		47－02	员工培训	47－02－01	负责对员工实施培训、考核和评估工作	L4
				47－02－02	善于运用激励方法调动员工的积极性	L4
				47－02－03	制定餐饮部各员工的培训课程，并监督训练及执行	L4
				47－02－04	指导执行规章制度	L4
				47－02－05	介绍福利待遇政策	L4
				47－02－06	观察能力强，具备良好的预测和判断能力	L4
		47－03	执行人才发展计划	47－03－01	掌握人才职业规划的知识与技能	L4
				47－03－02	了解员工职业规划方向	L4
				47－03－03	培养与发展有潜力的员工	L4

续上表

工作项目/职业素养		工作任务/职业素养分类		职业能力（知识、技能、方法、工具、要求）		学习水平 高职 Lj
48	员工安全保障	48－01	人身安全	48－01－01	关注员工及顾客健康状态、情绪表现	L4
				48－01－02	处理工伤事故	L4
		48－02	消防安全	48－02－01	疏通消防通道	L4
				48－02－02	巡查消防设施状态	L4
49	餐饮部经理维护顾客关系	49－01	关心常客	49－01－01	保持联系	L4
				49－01－02	推介新品	L4
				49－01－03	拟订优惠措施	L4
		49－02	开发新客源	49－02－01	推介广告	L4
				49－02－02	开展促销活动	L4
				49－02－03	运用新媒介	L4
		49－03	控制服务质量	49－03－01	加强制度规范管理	L4
				49－03－02	提高员工的敬业度	L4
				49－03－03	运用激励政策	L4
				49－03－04	提高员工的敬业度	L4
50	协助行政管家工作	50－01	制订部门分部计划和预算	50－01－01	贯彻上级的决策、决定和各项指令	L3
				50－01－02	及时将本部门的销售状况及特别事件上报行政管家	L3
				50－01－03	按时完成上级分配的工作	L3
				50－01－04	负责各自主管业务的销售活动	L3
				50－01－05	负责各分部的日常管理工作和员工考核培训工作	L3
				50－01－06	负责制订各分部的年度、季度销售计划和预算，并合理组织实施	L3
				50－01－07	制订市场销售部全年公关计划和广告预算，经管理层批准后监督实施	L3
				50－01－08	依据酒店管理层商讨制定的礼品赠送标准	L3
				50－01－09	负责编制部门员工的排班表	L3
		50－02	协助执行制度	50－02－01	协助落实和妥善执行一切规章制度	L3
				50－02－02	协助制定员工的出勤、纪律行为及工作表现要求并做记录	L3
				50－02－03	实施本部门的年度工作计划、季度工作安排，及时向上级报告完成情况	L3
				50－02－04	协助上级做好销售计划和促销方案的制定、执行和总结工作	L3
				50－02－05	检查规章制度的实施和执行情况	L3
				50－02－06	协助指导员工掌握正确服务程序	L3

续上表

工作项目/职业素养		工作任务/职业素养分类		职业能力（知识、技能、方法、工具、要求）		学习水平 高职 Lj
51	营销部的处理业务	51－01	公关	51－01－01	加强与酒店分部之间的沟通，便于顺利协作	L3
				51－01－02	收集客人的个性资料	L3
				51－01－03	组织收集有关公众对酒店整体形象的意见，递交分析报告上交管理层，以提供决策的依据	L3
				51－01－04	负责与有关政府职能部门、新闻机构、社会各界人士建立良好的工作与合作关系	L3
				51－01－05	负责各种紧急、突发及危机事件中公关事项的处理	L3
				51－01－06	建立公共关系业务档案	L3
		51－02	宣传	51－02－01	负责组织、策划、实施酒店的大型公关活动，吸引社会公众的关注，提高酒店整体形象与社会知名度	L3
				51－02－02	了解国内外市场动态及当地旅游市场动态，定期向上级递交调查研究报告	L3
				51－02－03	负责组织酒店宣传册、销售手册及各影像资料的编写、制作、印刷、收集、存档	L3
				51－02－04	根据新设施、新服务的出台，同步更新酒店宣传资料	L3
				51－02－05	定期向新闻媒介发布消息，介绍酒店最新服务项目和管理新动向等	L3
				51－02－06	加强与海内外各新闻媒体单位的协作，获得他们的信任与支持，不失时机地宣传酒店	L3
				51－02－07	及时收集、整理、储存、更新、提供酒店的重要信息资料	L3

续上表

工作项目/职业素养		工作任务/职业素养分类		职业能力（知识、技能、方法、工具、要求）		学习水平 高职 Lj
51	营销部的处理业务	51－03	执行业务	51－03－01	统计销售数据	L3
				51－03－02	熟悉酒店 VI[①] 设计	L3
				51－03－03	执行、完成销售计划	L3
				51－03－04	熟悉酒店运转体系及各分部的基本运作流程	L3
				51－03－05	熟悉酒店电脑管理系统	L3
				51－03－06	了解主要客源国的风俗习惯及重点客人、常客特点	L3
				51－03－07	深入市场调研和分析，善于以市场为导向进行决策	L3
				51－03－08	负责订购酒店赠客礼品并赠与相关机构和客户	L3
				51－03－09	管辖区域安全及卫生状态	L3
				51－03－10	收集检查员工报表	L3
				51－03－11	及时处理下属人员不能解决的疑难问题并向行政管家报告	L3
		51－04	督导部门业务	51－04－01	加强现场督导，检查员工的仪容仪表和服务质量	L3
				51－04－02	及时纠正员工不符合规范的行为和表现	L3
				51－04－03	严格控制成本，减少消耗	L3
				51－04－04	督导员工积极实施制订发布的促销方案	L3
				51－04－05	巡视下属各部门，检查工作进度，抽查服务质量，纠正偏差，确保日常工作顺利进行	L3
				51－04－06	及时发现问题、解决难题	L3

① VI：Visual Identity 视觉识别系统

续上表

工作项目/职业素养		工作任务/职业素养分类		职业能力（知识、技能、方法、工具、要求）		学习水平 高职 Lj
52	营销部主管维护宾客关系	52－01	处理宾客投诉	52－01－01	处理管理范围内客人的投诉	L3
				52－01－02	建立宾客投诉档案	L3
				52－01－03	能够和酒店各部门协调配合处理相关投诉	L3
				52－01－04	懂得宾客投诉处理程序与技巧	L3
		52－02	VIP 接待	52－02－01	掌握 VIP 客人的信息（国籍、喜好、停留时间、风俗习惯等）	L3
				52－02－02	熟悉 VIP 客人的接待程序与接待标准	L3
				52－02－03	能亲自迎接 VIP 客人	L3
				52－02－04	落实酒店 VIP 客人的接待工作	L3
				52－02－05	切实提供个性化的服务	L3
				52－02－06	落实当天 VIP 客人的跟进工作	L3
		52－03	整理客史档案	52－03－01	懂得客史档案整理的知识与技能	L3
				52－03－02	及时建立客户档案	
				52－03－03	分析客源特点，向上级递交市场分析报告	L3
		52－04	加强与宾客沟通	52－04－01	了解宾客心理需求，善于与宾客打交道	L3
				52－04－02	及时将客户意见反馈给相关部门，恰当提出产品组合、改进意见，提高酒店服务质量	L3
				52－04－03	加强与重要客户的沟通，定期拜访客户，与之建立长期稳定的良好协作关系	L3
				52－04－04	积极向客户推广酒店新项目和新计划，定期、不定期地安排客户参观	L3
				52－04－05	与有潜力的客户保持联系，力争成为新的合作伙伴	L3
				52－04－06	学会灵活运用沟通、协调的方法	L3
				52－04－07	掌握沟通协调的程序	L3
				52－04－08	维系顾客关系，定期短信、电话回访，收集反馈意见	L3
				52－04－09	向客人推广酒店内各项设施	L3
				52－04－10	了解市场及客人的需要并及时向上司提供有建设性的意见	L3

续上表

工作项目/职业素养		工作任务/职业素养分类		职业能力（知识、技能、方法、工具、要求）		学习水平 高职 Lj
53	营销部的员工管理	53－01	培训员工	53－01－01	制订员工的培训计划	L3
				53－01－02	具备培训知识与培训技能，能实施业务培训和考核	L3
				53－01－03	负责对员工进行业务培训、督导、考核，不断提高员工的业务水平和服务质量	L3
				53－01－04	保证营销人员任何时候都能按行为规范工作	L3
				53－01－05	按酒店服务礼仪标准对员工进行培训	L3
				53－01－06	培训员工营销服务流程标准	L3
				53－01－07	定期给员工进行服务案例分析	L3
				53－01－08	具备跟踪培训效果的技能	L3
		53－02	人才发展计划	53－02－01	了解员工职业规划方向	L3
				53－02－02	协助员工做好个人的发展计划	L3
				53－02－03	培养与发展有潜力的员工	L3
		53－03	督导员工	53－03－01	负责培训、招募员工，对违纪员工提出处理意见	L3
				53－03－02	制定员工手册	L3
				53－03－03	指导下级工作，严格控制与保证酒店所有宣传品的质量	L3
				53－03－04	掌握语言沟通技巧，指导员工开展工作	L3
				53－03－05	帮助下属解决工作中遇到的难题，处理工作差错和事故	L3
		53－04	绩效考核	53－04－01	对员工进行绩效评估，并按奖惩制度事实奖惩	L3
				53－04－02	参加员工甄选及评估工作	L3
				53－04－03	核算业务	L3
				53－04－04	计算工作量	L3
				53－04－05	对直接下级的员工调配、升职、降级、奖励处分等人事变动提出意见	L3
				53－04－06	评估员工的表现，合理地使用员工	L3
				53－04－07	关心员工的工作和生活，及时提供必要的工作指导和帮助	L3
				53－04－08	参考顾客反馈意见	L3

续上表

工作项目/职业素养		工作任务/职业素养分类		职业能力（知识、技能、方法、工具、要求）		学习水平 高职 Lj
54	其他日常工作	54－01	安全保障	54－01－01	警惕辖区范围内出现的可疑人物，负责所处区域的防盗、防火安全工作	L3
				54－01－02	保证消防通道畅通	L3
				54－01－03	定期组织管辖区域的消防器具检查，做好通缉协查、防火、防盗工作	L3
		54－02	主持会议	54－02－01	参加营销部例会，理解酒店部门的运转情况	L3
				54－02－02	主持召开部门例会，传达上级布置的工作要点，听取汇报、布置工作，解决难题	L3
				54－02－03	了解会议流程及会议的主要内容	L3
		54－03	报表制作与档案管理	54－03－01	负责制作各种业务报表	L3
				54－03－02	填写上报月度培训汇总报表	L3
				54－03－03	填写上交客人意见跟进情况报表	L3
				54－03－04	负责酒店历史资料的编写、收集及存档管理等工作	L3
55	主持日常工作	55－01	主持会议	55－01－01	主持营销部例会	L4
				55－01－02	传达落实上级决议及决定	L4
				55－01－03	布置部门的工作任务	L4
				55－01－04	听取下属各部门的工作汇报，帮助解决营销难题	L4
		55－02	整理报表	55－02－01	做好工作日志和总结	L4
				55－02－02	建立管家部工作的完整档案体系	L4
				55－02－03	管理报表	L4
				55－02－04	撰写部门年度总结报告	L4
				55－02－05	了解国内外市场动态及当地旅游市场动态，定期向上级递交调查研究报告	L4
				55－02－06	汇总并上交部门月度突出问题汇总报表	L4

续上表

工作项目/职业素养		工作任务/职业素养分类		职业能力（知识、技能、方法、工具、要求）		学习水平 高职 Lj
55	主持日常工作	55－03	确保工作质量	55－03－01	检查部门工作进度	L4
				55－03－02	抽查服务质量，纠正偏差	L4
				55－03－03	检查员工的礼貌礼节、仪容仪表、服务态度和工作效率	L4
				55－03－04	定期进行市场调查	L4
		55－04	加强部门联系	55－04－01	加强与管家、财务、餐饮、工程、前厅等部门的横向联系，确保酒店服务的一致性	L4
				55－04－02	及时将客户意见反馈给相关部门，恰当提出产品组合、改进意见，提高酒店服务质量	L4
				55－04－03	协助上级做好销售计划和促销方案的制订、执行和总结工作	L4
56	制度修订	56－01	建立制度	56－01－01	制定营销部的管理制度	L4
				56－01－02	制定营销部的服务标准和操作流程	L4
				56－01－03	健全营销部的岗位职责、规章制度和程序	L4
				56－01－04	制定部门操作规程及服务规范	L4
		56－02	落实制度	56－02－01	执行营销部门会议并解决所有需要解决的事项，以达至部门正确操作的功能，必要时应做出操作程序更正或新制定政策等	L4
				56－02－02	协助和指引各分部的主管开展工作	L4
				56－02－03	按规章制度实施奖惩	L4
				56－02－04	督导员工依照工作责任制的指引工作	L4
		56－03	制订计划	56－03－01	负责制订各分部的年度、季度销售计划和预算	L4
				56－03－02	策划和制订各项客务计划	L4
				56－03－03	制订酒店新项目的推广计划	L4

续上表

工作项目/职业素养		工作任务/职业素养分类		职业能力（知识、技能、方法、工具、要求）		学习水平 高职 Lj
57	经营管理	57－01	公关	57－01－01	协调与各类媒体工作联系	L4
				57－01－02	组织统筹酒店各类活动	L4
				57－01－03	联系贵宾开展宣传工作	L4
				57－01－04	沟通协调酒店各部门的工作（熟悉酒店各部门操作流程）	L4
		57－02	策划	57－02－01	掌握市场变化并及时引导，跟进创收，控制成本及减少消耗	L4
				57－02－02	搜集、整理市场情报及销售信息	L4
				57－02－03	酒店产品对外形象定位与包装、推广	L4
				57－02－04	撰写年度宣传计划并落实实施	L4
				57－02－05	按照上级标准制订宣传计划	L4
				57－02－06	定期分析和报告经营情况，领导下属积极完成各项经营指标	L4
				57－02－07	制定部门经营决策	L4
		57－03	控制成本	57－03－01	定期深入检查部门收支控制情况，控制成本支出	L4
				57－03－02	开源节流及部门成本控制	L4
				57－03－03	做出个案式的更正和推出所需要的策略，保持和控制工资的平衡	L4
				57－03－04	负责维修保养、设备折旧管理	L4
				57－03－05	负责成本核算、成本控制管理	L4
				57－03－06	负责配合并监督酒店销售控制工作	L4
		57－04	审核	57－04－01	审核酒店对外宣传文稿	L4
				57－04－02	审核美工产品	L4

续上表

工作项目/职业素养		工作任务/职业素养分类		职业能力（知识、技能、方法、工具、要求）		学习水平 高职 Lj
57	经营管理	57－05	推广促销	57－05－01	根据市场需求，向总经理提出销售建议	L4
				57－05－02	积极开展各种推广促销活动，最大限度地增加酒店收入	L4
				57－05－03	熟悉客人需求与销售市场状况	L4
				57－05－04	直接向总经理汇报有关客房推销活动情况	L4
				57－05－05	撰写营运操作、营业额、成本和各部门赚取利润的报告	L4
				57－05－06	分析正确监督功能和收效	L4
				57－05－07	完成上级领导分配的销售任务	L4
				57－05－08	积极向客户推广酒店新项目和新计划	L4
				57－05－09	能根据市场需求，提出销售建议，并开展各种推广促销活动	L4
				57－05－10	控房（掌握客房的预订和销售情况，有效控制客房销售及住房比例的合理分配）	L4
		57－06	工作跟进与落实	57－06－01	签署销售协议	L4
				57－06－02	与集团总部保持密切沟通	L4
				57－06－03	时刻关注酒店预算、预测酒店收益	L4
				57－06－04	及时反馈信息给上级	L4
				57－06－05	跟催已编制的政策和策划各项目，以确保能依从先前所规定的方法和标准开展	L4
58	人事管理	58－01	员工任职管理	58－01－01	与人事部及下属各部门主管沟通，聘请营销部部员工	L4
				58－01－02	与人事部及各属下各部门主管沟通，解雇营销部员工	L4
				58－01－03	确定人员编制，合理分配及调度人力	L4
		58－02	奖惩管理	58－02－01	制订激励计划	L4
				58－02－02	落实工作质量评估	L4
				58－02－03	了解人力资源的员工补给状况	L4
				58－02－04	奖惩、任免主管及领班	L4

续上表

工作项目/职业素养		工作任务/职业素养分类		职业能力（知识、技能、方法、工具、要求）		学习水平 高职 Lj
58	人事管理	58－03	员工培训	58－03－01	负责对员工实施培训、考核和评估工作	L4
				58－03－02	制订员工培训计划	L4
				58－03－03	善于运用激励方法调动员工的积极性	L4
				58－03－04	制定营销部各员工的培训课程，并监督训练及执行	L4
				58－03－05	指导执行规章制度	L4
				58－03－06	介绍福利待遇政策	L4
				58－03－07	观察能力强，具备良好的预测和判断能力	L4
		58－04	执行人才发展计划	58－04－01	掌握人才职业规划的知识与技能	L4
				58－04－02	了解员工职业规划方向	L4
				58－04－03	培养与发展有潜力的员工	L4
59	工作布置与检查	59－01	人身安全	59－01－01	关注员工及顾客健康状态、情绪表现	L4
				59－01－02	与保安部紧密协作，确保客人的人身及财产安全	L4
				59－01－03	处理工伤事故	L4
		59－02	卫生消防安全	59－02－01	保证客房和公共区域达到卫生标准	L4
				59－02－02	定期组织检查消防器具，做好通缉协查、防火、防盗工作	L4
				59－02－03	能经常巡视下属各部门，确保日常工作顺利进行	L4
				59－02－04	巡查消防设施状态	L4
60	营销部经理维护顾客关系	60－01	客户拜访	60－01－01	加强与重要客户的沟通，定期拜访客户	L4
				60－01－02	维系老客户，撰写并提交报告	L4
				60－01－03	走访客房，并提交访问报告，协调客户与酒店的关系	L4
				60－01－04	分析拜访报告，制定销售策略	L4
				60－01－05	加强与重要客户的沟通	L4
				60－01－06	定期、不定期地安排客户参观，并与有潜力的客户保持联系，力争成为新的合作伙伴	L4

续上表

工作项目/职业素养		工作任务/职业素养分类		职业能力（知识、技能、方法、工具、要求）		学习水平 高职 Lj
60	营销部经理维护顾客关系	60－02	开发新客源	60－02－01	推介广告，开拓新客户	L4
				60－02－02	开展促销活动	L4
				60－02－03	运用新媒介	L4
				60－02－04	及时建立客户档案，分析客源特点，向上级递交市场分析报告	L4
		60－03	控制服务质量	60－03－01	加强制度规范管理	L4
				60－03－02	提高员工的敬业度	L4
				60－03－03	运用激励政策	L4
				60－03－04	监督、指导、协调全部管家部活动，为住客提供规范化、程序化、制度化的优质服务	L4
				60－03－05	处理投诉，发展与住店客人的友好关系	L4
				60－03－06	检查贵宾客房，使之达到酒店要求的标准	L4
				60－03－07	提高员工的敬业度	L4
61	协助人事部经理工作	61－01	协助制定部门制度	61－01－01	服从并准时完成上级分配的工作	L3
				61－01－02	协助酒店各部门作应急帮扶	L3
				61－01－03	负责编制部门员工的排班表	L3
				61－01－04	协助制定部门的管理制度、操作规程和岗位职责	L3
		61－02	协助执行制度	61－02－01	协助落实和妥善执行一切规章制度	L3
				61－02－02	协助制定员工的出勤、纪律行为及工作表现要求并做记录	L3
				61－02－03	协助指导员工掌握正确服务程序	L3

续上表

工作项目/职业素养		工作任务/职业素养分类		职业能力（知识、技能、方法、工具、要求）		学习水平 高职 Lj
62	日常工作	62－01	主持会议	62－01－01	召开每日例会并下达上级的指令，确保每位员工清楚明确	L3
				62－01－02	能有效控制会场	L3
				62－01－03	了解会议流程及会议的主要内容	L3
		62－02	报表管理	62－02－01	熟悉部门所有报表的制作	L3
				62－02－02	负责制作各种业务报表	L3
		62－03	安全保障	62－03－01	协调、沟通与电信部门和酒店有关部门的关系，确保通信系统的正常运行	L3
				62－03－02	警惕部门出现的可疑人物，负责所处区域的防盗、防火安全工作	L3
				62－03－03	具备成本控制意识	L3
		62－04	负责部门日常工作安排及协调	62－04－01	安排部门相关人员业务活动行程	L3
				62－04－02	负责部门费用报销，熟悉财务报销流程	L3
				62－04－03	开展相关部门培训	L3
				62－04－04	撰写分析报告	L3
				62－04－05	草拟及发放相关通知	L3
				62－04－06	申报及管理部门用品	L3
63	人事管理	63－01	招聘	63－01－01	负责酒店的招聘程序维护	L3
				63－01－02	办理入职	L3
				63－01－03	办理外籍员工相关居留证照	L3
				63－01－04	建立人事档案（系统档案和纸制档案）	L3
		63－02	薪资福利管理	63－02－01	购买“五险一金”	L3
				63－02－02	完成每月薪资审核（含员工奖金、津贴）	L3
				63－02－03	核算员工提成/佣金	L3
				63－02－04	申报并落实节假日福利	L3
				63－02－05	落实相关政策福利（职称津贴、产假津贴）	L3
				63－02－06	负责员工福利委员会的会议召开及问题跟进	L3
		63－03	管理员工关系	63－03－01	负责员工离职面谈	L3
				63－03－02	处理员工日常问题	L3
				63－03－03	负责员工满意度的达成	L3
				63－03－04	按月存档、装订归档考勤资料	L3
				63－03－05	负责酒店流失率的统计及计算	L3

续上表

工作项目/职业素养		工作任务/职业素养分类		职业能力（知识、技能、方法、工具、要求）		学习水平 高职 Lj
64	培训管理	64－01	制订培训计划	64－01－01	负责部门新员工培训工作	L3
				64－01－02	分析培训需求	L3
				64－01－03	制订员工的培训计划	L3
				64－01－04	设计培训课程	L3
				64－01－05	建设培训资源（师资）	L3
		64－02	实施培训	64－02－01	具备培训知识与培训技能，能实施业务培训和考核	L3
				64－02－02	保证服务人员任何时候都按行为规范工作	L3
				64－02－03	负责对员工进行业务培训、督导、考核，不断提高员工的业务水平和服务质量	L3
				64－02－04	实施并组织培训	L3
		64－03	考核评估	64－03－01	评估培训（双向评估）	L3
				64－03－02	跟进培训结果及做出反馈	L3
65	后勤（文职）主管的员工管理	65－01	组织员工活动	65－01－01	开展常规员工活动（生日会、员工感谢周、年会、主题晚会、拓展活动）	L3
				65－01－02	开展消防主题活动	L3
				65－01－03	负责员工餐厅的日常工作汇报及管理	L3
				65－01－04	开展社会公益活动（爱心捐款、志愿者活动）	L3
		65－02	人才发展计划	65－02－01	了解员工职业规划方向	L3
				65－02－02	培养与发展有潜力的员工	L3
		65－03	督导员工	65－03－01	督导员工，负责培训、招募员工，对违纪员工提出处理意见	L3
				65－03－02	督导员工做好酒店各部门和客人报刊、传真、邮件的接收和分发工作	L3
				65－03－03	掌握语言沟通技巧，指导员工开展工作	L3
				65－03－04	帮助下属解决工作中遇到的难题，处理工作差错和事故	L3
		65－04	实习生管理	65－04－01	负责日常实习生问题处理	L3
				65－04－02	负责院校师生参观酒店的工作安排	L3
				65－04－03	负责月度实习生会议的跟进及召开	L3
				65－04－04	负责集团实习生项目的维护及管理	L3
				65－04－05	负责实习生项目的政策培训	L3

续上表

工作项目/职业素养		工作任务/职业素养分类		职业能力（知识、技能、方法、工具、要求）		学习水平 高职 Lj
66	后勤（文职）经理的员工管理	66－01	处理员工关系	66－01－01	建立劳动合同	L4
				66－01－02	维护和更新人事信息	L4
				66－01－03	处理人事纠纷	L4
				66－01－04	调配劳务关系	L4
		66－02	管理员工餐厅	66－02－01	负责员工餐厅的成本控制	L4
				66－02－02	负责员工餐厅日常菜单的审阅	L4
				66－02－03	负责员工餐厅的公众假日菜单确认	L4
		66－03	管理员工宿舍	66－03－01	负责寻找及确认员工宿舍的管理公司	L4
				66－03－02	负责员工宿舍管理	L4
				66－03－03	负责员工宿舍日常处理应急事件	L4
				66－03－04	负责员工宿舍的制度制定及执行	L4
				66－03－05	负责员工宿舍的关系维护	L4
				66－03－06	负责员工宿舍信箱的意见处理	L4
		66－04	控制酒店员工流失率	66－04－01	负责与部门经理进行及时的沟通	L4
				66－04－02	负责进行市场流失率的调查	L4
				66－04－03	负责代表酒店每月向集团汇报酒店流失率	L4
		66－05	中层以上管理级员工档案管理	66－05－01	管理中层以上管理级员工福利	L4
				66－05－02	管理中层以上管理级员工档案	L4
				66－05－03	管理中层以上管理级员工在集团网站的档案	L4
				66－05－04	组织安排中层以上管理级员工活动	L4
67	人事管理	67－01	招聘	67－01－01	分析职位需求	L4
				67－01－02	匹配岗位人员需求	L4
				67－01－03	选择合适的招聘渠道	L4
				67－01－04	拟定并发布招聘信息	L4
				67－01－05	甄选候选人（简历、人才测评）	L4
				67－01－06	面试（电话面试、视频面试、面对面）	L4
				67－01－07	负责酒店招聘政策及集团招聘政策的执行	L4
				67－01－08	负责面试部门秘书及主管级以上求职者	L4
				67－01－09	负责制订招聘计划	L4
				67－01－10	调查背景	L4

续上表

工作项目/职业素养		工作任务/职业素养分类		职业能力（知识、技能、方法、工具、要求）		学习水平 高职 Lj
67	人事管理	67－02	薪资福利管理	67－02－01	调整员工薪酬	L4
				67－02－02	落实后勤福利（员工宿舍和食堂、交通）	L4
				67－02－03	申报及办理工伤意外险	L4
		67－03	绩效考核	67－03－01	设计考核方案（晋升、调职、调薪）	L4
				67－03－02	制定考核标准	L4
				67－03－03	实施考核	L4
				67－03－04	统计分析考核数据	L4
				67－03－05	运用考核结果	L4
68	召开会议及培训	68－01	管理层会议	68－01－01	确认会议菜单	L4
				68－01－02	确认参加人员的名单	L4
				68－01－03	跟进处理会议内容的问题	L4
				68－01－04	协调解决会议问题	L4
		68－02	培训	68－02－01	负责酒店人力资源政策的培训	L4
				68－02－02	负责集团部分培训工作	L4
69	其他工作	69－01	管理帮工公司	69－01－01	负责帮工公司的资格审核及寻找	L4
				69－01－02	负责市场帮工公司的价格调查	L4
				69－01－03	负责帮工公司的联系及维护	L4
				69－01－04	负责与帮工公司洽谈及签订合同	L4
		69－02	联系实习生	69－02－01	负责合作院校的开发	L4
				69－02－02	负责合作院校的关系维护	L4
				69－02－03	负责与合作院校签订实习协议及跟进实习安排	L4
		69－03	部门协调	69－03－01	协调酒店各部门与人力资源部门之间的关系	L4
				69－03－02	负责酒店活动的安排及协调	L4
				69－03－03	参加相关政府部门的会议	L4
		69－04	执行制度	69－04－01	负责部门工作的审阅，确保酒店政策的执行	L4
				69－04－02	负责相关事务单位的接待工作	L4
		69－05	组织活动	69－05－01	组织酒店产品知识竞赛、技能大赛	L4
				69－05－02	组织酒店主题演练（消防事故、泳池事故、食物中毒）	L4

续上表

工作项目/职业素养		工作任务/职业素养分类		职业能力（知识、技能、方法、工具、要求）		学习水平 高职 Lj
70	职业素养（通用能力、核心技能、关键能力）	70－01	沟通交流	70－01－01	及时领会上级意图，准确传递信息	L2
				70－01－02	掌握正确的肢体语言的表达方法（眼神、手势、动作等）	L2
				70－01－03	具有较广的知识面	L3
				70－01－04	具有清晰的语言口头表达能力和较强的逻辑性	L3
				70－01－05	尊重他人，善于聆听他人的意见，理解他人的想法和意图	L4
				70－01－06	具有亲和力	L4
				70－01－07	具备一定的心理学基础知识	L4
				70－01－08	构建融洽的人际关系	L4
		70－02	数字应用	70－02－01	能快速准确地进行数字运算	L2
				70－02－02	掌握一定的数据统计和分析的方法	L3
				70－02－03	能使用 Excel 对数字进行处理	L3
				70－02－04	能对基本的财务、统计表进行分析	L4
				70－02－05	具备良好的成本意识	L4
		70－03	革新创新	70－03－01	能在服务工作过程中不断创新	L3
				70－03－02	提供个性化服务	L3
				70－03－03	能激励员工提出创新的建议	L4
				70－03－04	能运用新技术、新方法提高效益	L4
				70－03－05	关注行业发展前沿的动态	L4
		70－04	自主学习	70－04－01	具有强烈的上进心	L2
				70－04－02	能主动通过各种渠道进行学习提升自己	L2
				70－04－03	具有良好的学习习惯和方法	L2
				70－04－04	能虚心接受新知识	L3
				70－04－05	具有终身学习的意识，主动更新知识	L3
				70－04－06	能主动创造自主学习的环境，寻找相关资料进行学习	L3

续上表

工作项目/职业素养		工作任务/职业素养分类		职业能力（知识、技能、方法、工具、要求）		学习水平 高职 Lj
70	职业素养（通用能力、核心技能、关键能力）	70－05	团队合作	70－05－01	具备团队意识、合作精神，能在团队中履行个人职责	L2
				70－05－02	具有奉献精神和集体荣誉感	L2
				70－05－03	具备尊重与服务的态度，支持并配合他人开展工作	L3
				70－05－04	积极与同事交流，参与团队活动	L3
				70－05－05	能够共同开展并完成团队任务	L3
				70－05－06	能充分发挥员工的优势，加强补位意识，知人善用	L4
		70－06	解决问题	70－06－01	主动参与部门培训，学习解决问题的方式和技巧	L2
				70－06－02	具备基本的应急处理能力	L2
				70－06－03	处理问题时能妥善考虑员工关系，公平、公正地解决问题	L3
				70－06－04	加强防范意识，防范于未然	L3
				70－06－05	具备发现问题、分析问题、解决问题的能力	L3
				70－06－06	应变能力强，能及时规避风险	L4
				70－06－07	具有大局意识，善于调动资源，有效控制问题的影响面	L4
				70－06－08	具有预见能力，善于发现问题	L4
		70－07	信息处理	70－07－01	熟练掌握酒店管理信息系统	L2
				70－07－02	熟练运用办公自动化软件开展工作	L2
				70－07－03	熟悉网络系统操作，能运用网络和信息系统开展工作	L2
				70－07－04	具备收集顾客个性化信息的意识和能力	L3
				70－07－05	具备独立思考与分辨信息的能力	L4
		70－08	服务意识	70－08－01	主动为他人提供个性化服务	L2
				70－08－02	能为客人提供耐心细致、热情周到的服务	L2
				70－08－03	遵守职业道德，明确顾客至上、文明服务	L2

续上表

工作项目/职业素养		工作任务/职业素养分类		职业能力（知识、技能、方法、工具、要求）		学习水平 高职 Lj
70	职业素养（通用能力、核心技能、关键能力）	70－09	责任（安全）意识	70－09－01	增强社会责任感和工作岗位责任心	L2
				70－09－02	具备对客服务的安全意识	L2
				70－09－03	具备急救、自救常识	L3
				70－09－04	重视安全检查	L3
				70－09－05	具备保密常识	L3
				70－09－06	勇于承担责任，不推诿	L3
				70－09－07	掌握消防设备的使用方法	L3
				70－09－08	熟知酒店的应急疏散通道	L3
				70－09－09	落实安全责任制度	L4
				70－09－10	加强安全规范教育，识别危险源	L4
		70－10	外语应用	70－10－01	具备英语日常生活交流的能力（听、说）	L3
				70－10－02	能用英语进行流利的会话，并具有一定的书写能力	L3
				70－10－03	掌握部门各岗位的职业英语	L4
				70－10－04	能阅读相关的外文资料，有较好的英语会话能力	L4
		70－11	其他	70－11－01	具备良好的职业道德和职业素养	L2
				70－11－02	保持积极的心态	L2
				70－11－03	保持良好的仪容仪表	L2
				70－11－04	注意服务礼仪礼节	L2
				70－11－05	能吃苦耐劳，有坚韧的工作态度	L2
				70－11－06	抗压能力强，不畏挫折，保持坚定的信念	L3
				70－11－07	懂得自我调节，控制情绪	L3

注：“学习水平”中的高职 Lj，现代学徒制酒店管理专业毕业生职业生涯发展路径中的高职发展阶段，若是第Ⅱ发展阶段，则用 L2 表示；若是第Ⅲ发展阶段，则用 L3 表示，以此类推。

2. 广东省教育厅公示文件

广　东　省　教　育　厅

粤教职函〔2018〕120号

广东省教育厅关于公布2017年省高等职业教育专业教学标准和课程标准研制项目结题验收结果的通知

各地级以上市教育局，各高等职业院校：

根据《广东省教育厅办公室关于开展2017年高等职业教育专业教学标准和课程标准研制项目结题验收工作的通知》（粤教职办函〔2017〕34号），经资料评审、会议评审、公示等环节，确定《现代学徒制高职市政工程技术专业教学标准的研制项目》等28个项目（详见附件）通过结题验收，现将验收结果予以公布。

附件：2017年高等职业教育专业教学标准和课程标准研制项目结题验收结果

广东省教育厅

2018年7月27日

附件

2017 年高等职业教育专业教学标准和课程标准研制项目结题验收结果

序号	项目名称	项目牵头单位	项目负责人	验收结果
1	现代学徒制高职市政工程技术专业教学标准的研制项目	广州番禺职业技术学院	叶雯	优秀
2	医学美容技术专业现代学徒制教学标准研制	清远职业技术学院	吴琼	优秀
3	高职本科一体化计算机应用技术专业（嵌入式技术应用）教学标准研制与实践	广东科学技术职业学院	李力	良好
4	应用电子技术专业现代学徒制教学标准研制与实践	广东科学技术职业学院	王红梅	良好
5	高职黑色冶金技术专业现代学徒制教学标准研制	广东松山职业技术学院	罗国民	良好
6	机电设备维修与管理专业现代学徒制教学标准研制	广东松山职业技术学院	杨宇	良好
7	现代学徒制皮具艺术设计专业教学标准研制与实践项目	广州番禺职业技术学院	张来源	良好
8	现代学徒制高职市场营销专业教学标准的研制项目	广州番禺职业技术学院	阐雅玲	良好
9	电子信息工程技术专业教学标准研制项目	中山职业技术学院	闰胜利	良好
10	制冷与空调技术专业教学标准项目	顺德职业技术学院	余华明	良好
11	应用化工（涂料技术）技术专业教学标准项目	顺德职业技术学院	周强	良好
12	机电一体化技术专业现代学徒制教学标准研制	清远职业技术学院	郭汉桥	良好
13	精细化工技术/化学工程与工艺高本衔接专业教学标准研制	广东轻工职业技术学院	揭雪飞	合格
14	环境工程专业高本一体化教学标准的研究与实践	广东轻工职业技术学院	秦文淑	合格
15	基于国际标准的航海类专业“中高职衔接”教学标准研究与实践	广东交通职业技术学院	关腾飞	合格
16	基于现代学徒制人才培养模式的投资与理财专业教学标准研制与实践	广东理工职业学院	杨翠友	合格
17	汽车检测与维修专业现代学徒制专业教学标准项目	广东机电职业技术学院	李百华	合格

续上表

序号	项目名称	项目牵头单位	项目负责人	验收结果
18	基于现代学徒制人才培养模式的高职汽车车身维修技术专业教学标准的研制	广东科学技术职业学院	孙宝文	合格
19	高职本科一体化药品生物技术专业教学标准研制	广东科贸职业学院	何敏	合格
20	运动训练高职本科一体化人才培养专业教学标准研制	广东体育职业技术学院	徐承建	合格
21	高职—本科一体化动漫制作技术专业教学标准项目	广东女子职业技术学院	谢盛嘉	合格
22	基于现代学徒制的计算机应用技术专业教学标准研制	广州铁路职业技术学院	林锦章	合格
23	借鉴国外先进经验，构建国际商务类专业教学标准	深圳职业技术学院	刘红燕	合格
24	基于现代学徒制人才培养模式酒店管理专业教学标准研制	佛山职业技术学院	余琳	合格
25	护理专业现代学徒制教学标准研制	清远职业技术学院	冼昶华	合格
26	电气工程及其自动化专业高职本科一体化人才培养专业教学标准研制	广东技术师范学院	周卫	合格
27	道路桥梁工程技术专业中职、高职和本科一体化专业教学标准研制	广东交通职业技术学院	徐凯燕	合格
28	社会工作专业教学标准研制	深圳职业技术学院	倪赤丹	合格

公开方式：依申请公开

3．项目结题证书

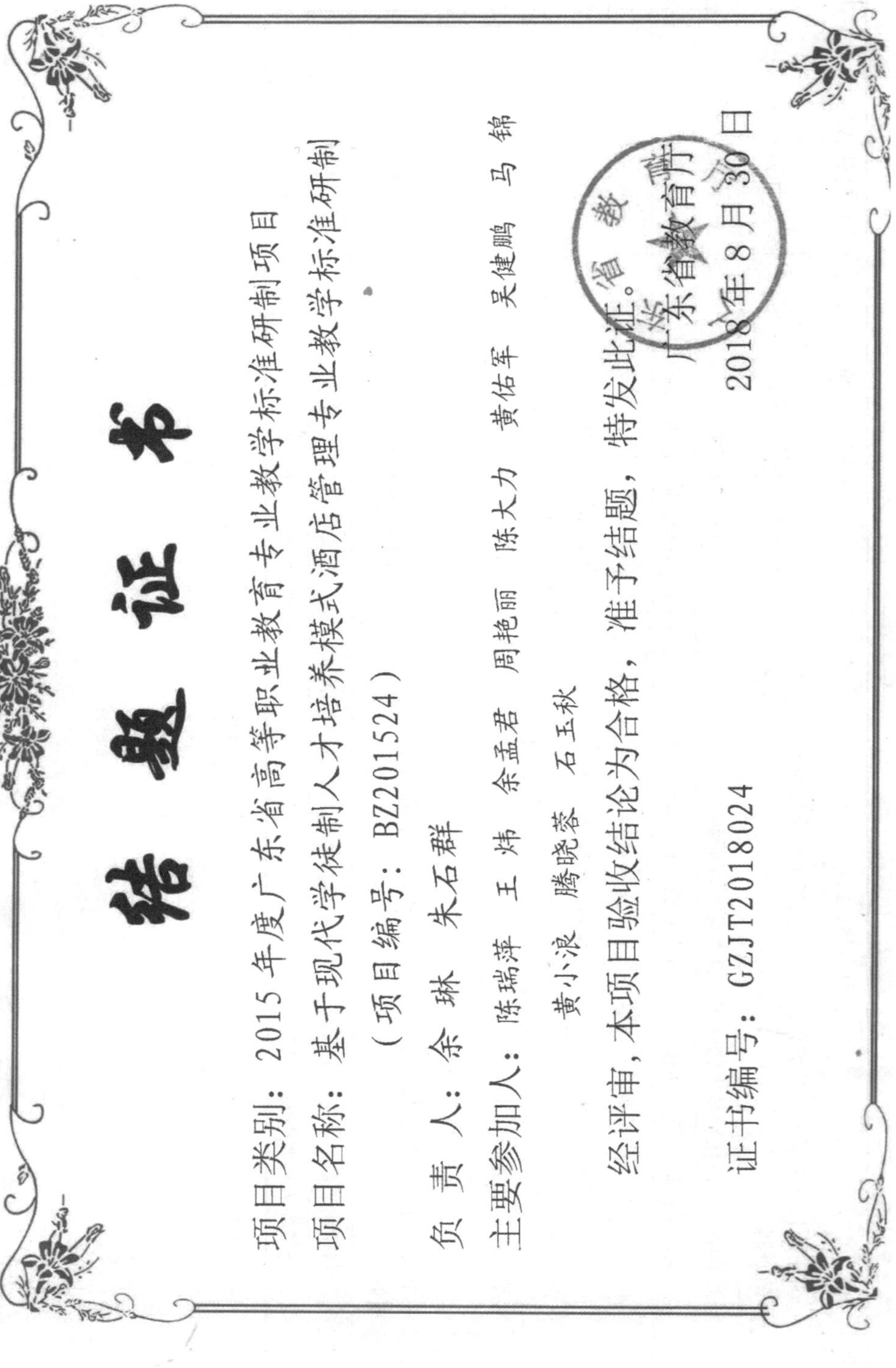

结题证书

项目类别：2015 年度广东省高等职业教育专业教学标准研制项目

项目名称：基于现代学徒制人才培养模式酒店管理专业教学标准研制

（项目编号：BZ201524）

负 责 人：余 琳 朱石群

主要参加人：陈瑞萍 王 炜 余孟君 周艳丽 陈大力 黄佑军 吴健鹏 马 锦

黄小浪 滕晓蓉 石玉秋

经评审，本项目验收结论为合格，准予结题，特发此证。

广东省教育厅

2018 年 8 月 30 日

证书编号：GZJT2018024